序曲文化*Overture*

智慧啓蒙・文化創新・閱讀世界

序曲文化
Overture

....

序曲

是

交響樂章的前奏

人生旅程的起點

卓爾智慧的深度演繹與延展

似

風雷乍響

文化創新的隱喻與前兆

以

健康樂活・藝術傳承・歷史宏觀

閱讀世界

吃出年輕の健康筆記

Alternative Ageing

20年成功經驗，淬鍊成12堂吃出年輕健康的養生課。
本書中精選200多種食品的成分與功能解析，
介紹4大養生飲食法、5種品質評鑑營養補充極品，
最完整的健康食材購物清單、大腦與皮膚、內臟能量的自療法等等。

你想知道的養生抗老妙招，
本書都親密輕鬆與你，一起分享！

Suzi Grant
蘇茲・葛蘭 著

嚴洋洋 譯

國家圖書館出版品預行編目資料

吃出年輕的健康筆記／ 蘇茲‧葛蘭（Suzi Grant）
著.—初版—臺北市：高談文化，2007〔民96〕
240面；21.5×16.5公分（森活館06）
譯自：Alternative ageing

　ISBN-978-986-7101-61-7（平裝）
　1.老化—防制　2.長生法

411.18　　　　　　　　　96003732

森活館 06
吃出年輕的健康筆記

作　　者：蘇茲‧葛蘭（Suzi Grant）
譯　　者：嚴洋洋
發行人：賴任辰
社長暨總編輯：許麗雯
主　　編：劉綺文
執　　編：宋鳳蓮、林文理
插　　畫：黃可萱
美　　編：謝孃瑩
行銷總監：黃莉貞
行銷企劃：黃馨慧
發　　行：楊伯江
出　　版：高談文化事業有限公司
地　　址：台北市大安區10696忠孝東路四段341號11樓之三
電　　話：（02）2740-3939
傳　　眞：（02）2777-1413
http://www.cultuspeak.com.tw
E-Mail：cultuspeak@cultuspeak.com.tw
郵撥帳號：19884182 高咏文化行銷事業有限公司
製版：菘展製版（02）2246-1372
印刷：松霖印刷（02）2240-5000
總經銷：知己圖書股份有限公司
　　　　（台北公司）台北市羅斯福路二段95號4樓之三
　　　　電話：（02）2367-2044 傳眞：（02）2363-5741
　　　　（台中公司）台中市407工業30路1號
　　　　電話：（04）2359-5819 傳眞：（04）2359-5493
行政院新聞局出版事業登記證版臺省業字第890號
2007年4月初版一刷
定價：新台幣280元整

目次
CONTENT

作者序一優雅抗老   11

第一章 阻斷老化因子   13

◉ 對抗自由基   14

人體老化百分之九十九是來自自由基的氧化效應。當人體將葡萄糖轉換成體能的同時，毒素就會生成。

◉ 從吃開始抗老   16

拒絕垃圾食品、鹽、糖、提神飲料、藥物與酸性食物。

◉ 消除有害環境影響   30

過量陽光、髒空氣、不良交通環境、電子儀器設備等也會加速老化。

◉ 充實心靈   34

有辦法支配自己的身體，去做許許多多紓壓的活動，讓自己老年生活變得精彩有計畫。

第二章 關鍵荷爾蒙   35

◉ 大腦是抗老指揮中心   36

九成內分泌系統的荷爾蒙由大腦來生成控制，足夠的營養補充和規律正常的生活方式，可以讓腦部保持在最佳狀態。

◉ 神奇的內分泌系統   38

由腦下垂體領軍組成的內分泌腺，如同製造激素的交響樂團。若其中有成員走調，整個樂團演奏的樂曲就跟著荒腔走板。

第三章　抗老食物總動員　　　57

● 今天吃蔬菜了嗎？　　　60

蔬菜富含抵抗病毒和增進免疫系統的維他命和礦物質。水果是大自然最珍貴的寶物，自然健康又多汁，而且有助於抗老化。

● 抗老魚類、健康肉食　　　62

油脂豐富的魚類含有品質優良的動物性蛋白質。選擇適當的肉類食用，對皮膚和心臟、關節、大腦也有所助益。

● 豐富的蛋白質　　　64

蛋的蛋白質含量最豐富。豆類營養價值高且熱量低，可說是素食者的肉類。

● 特選五穀雜糧　　　68

發芽過後的穀類會轉變為鹼性，能提供大量的纖維和維他命。堅果則是大自然的優良抗老產物。種子則儲存了豐富的本質脂肪。

● 菌菇、香草、海菜　　　70

養生真菌以香菇為首，含有多種優質營養。香草富含抗氧化物，及幫助人體排毒保健的多酚類。海菜是所有抗老延壽食物中礦物質含量最豐富的。

● 各類抗老養生食材建議　　　74

第四章　善用好油與脂肪　　　89

● 幫你減重的必需脂肪酸　　　90

沒有必需脂肪酸促進新陳代謝，我們根本無法有效減重。

● 抗老第一的種子油　　　92

多食用富含必需脂肪酸的種子油，讓你的身體更健康。

● 又香又營養的堅果油　　　94

胡桃油、杏仁油、榛果油等，富含抗老化的營養素和飽和脂肪酸。

● 優質烹飪油   96

橄欖油和椰子油是廣泛運用在烹飪中的油，可以降低膽固醇；而酪梨果油味道溫和充滿果香，可以減低糖尿病。

第五章 來杯抗老飲品   99

● 活力水果奶昔   100

水果奶昔是以水果為基底，加入各式奶製品打成濃稠泥狀的飲品，是你最好的營養代餐。

● 喝水最重要   103

水帶給細胞氧氣、養份和帶走人體代謝的廢棄物。是生命的最重要元素之一。

● 每天一杯新鮮蔬果汁   108

蔬果汁已經將九成的抗老成份濃縮起來，飲用時可以讓細胞直接吸收。

● 有益的熱飲   111

不適合飲用蔬果汁等冷飲的人，可以來杯熱呼呼的咖啡或茶，其中的養份對身體仍有幫助。

● 小酌無傷大雅   113

飲用少量的紅酒可以避免心臟病，因為其中的抗氧化酵素可以預防細胞死亡。

● 家常養生湯品   114

家常湯品富含食材被燉煮後的營養和豐美口感，也同時溫暖了你的心。

第六章 四大養生飲食法   119

● 生機飲食法   120

生機飲食法比較適合素食者，或是住在陽光普照、氣候暖濕地區的人。

● 獵人飲食法　125

獵食法適合沒有大魚大肉活不下去，但是不吃穀類還能過日子的人。

● GI值飲食法　126

這是愛吃穀類的肉食者的最佳選擇，特別是那些血糖不穩、胰島素分泌不正常的人。

● 組合飲食法　129

組合飲食法是給那些沒有任何限制，可以盡情享用各種養生食物益處的人。

第七章 抗老營養補充品　135

● 適量補充魚油　136

適量服用魚油對去病防老的確有功效，尤其是對腦部特別有益。

● 延壽又低脂的枸杞　138

多食枸杞可降血壓、降血糖，增強免疫力，所以有延緩衰老的功能。

● 螺旋藻增強免疫力　139

對超過五十歲的人而言，螺旋藻是最佳的抗老並增強免疫力的補充品。

● 營養完整的蜂蜜花粉　141

花粉為雄花之精子，內含大量綜合維生素，是天然食品中最齊全最完美的食品。

● 神祕印加人蔘：瑪卡　142

瑪卡含有高單位營養素以及能快速增強體能的特性，為美國NASA太空人必備營養品。

● 抗老新生力軍：免憂足　144

免憂足是天然木瓜酵素製品，讓你充滿精力、有彈性的肌膚，重回青春時期的光采！

第八章 窈窕的體態　　147

　◎ 健康亮麗的外表　　148
　　整體外形呈現所給人的第一印象是相當重要的，平日如頭髮、眼睛、
　　耳朵、牙齒、臀腿等部位做好保養，呈現出健康亮麗的好氣色。

　◎ 內在器官也要保養　　155
　　分別從心臟、肺臟、乳房、胃腸、肝臟、膀胱、骨骼及淋巴腺來看，
　　如何做好內在器官的保養。

第九章 從臉開始變年輕　　167

　◎ 殲滅肌膚老化殺手　　169
　　陽光是造成肌膚老化的頭號殺手，像壓力、睡眠不足、空氣污染、急
　　遽瘦身等，也都是肌膚老化，失去光澤彈性的因素。

　◎ 認識安全的醫學美容　　172
　　除了整型手術以外還有，更安全自然的自然拉皮法、半侵入式療法及
　　永久性自然拉皮法。

　◎ 居家保養法DIY　　175
　　定期去角質、勤擦滋潤保養品、敷臉、按摩等，居家護膚DIY一點也不
　　難。

第十章 運動強健體格　　183

　◎ 活動！要活就要動　　185
　　運動讓你看起來變年輕且抑制食慾，幫助減重，甚至可以延年益壽。

　◎ 哪種運動適合你　　189
　　要減重、緊實肌肉、增強機能，還要強化心臟、關節和骨骼，你需要
　　的是無氧運動和有氧運動的綜合活動。

　◎ 簡單方便的室內運動　　191
　　瑜珈、走路和西藏的五個修行式，簡單又可以全天候在家做。

第十一章　人生萬年青　　　203

　● 對抗壓力　　　204
　　保持樂觀的態度，呼吸新鮮空氣和多曬太陽。

　● 發自內心的喜悅　　　211
　　大笑一場，比任何良方都有效。

　● 創造良好生活空間　　　217
　　房間如同你的心，所以記得：物品用過歸位，永遠騰出空間來裝滿快
　　樂！

　● 設定目標　　　218
　　你需要一些在未來會完成的夢想，鞭策你充滿幹勁，繼續向前

第十二章　不服老的每一天　　　221

　● 一日之計在於晨　　　222
　　早晨起床最佳時段是五點到八點，一清醒就該下床。

　● 午後悠閒時光　　　225
　　下午可以繼續散步完成萬步運動計劃，並以冥想重新找回精力。

　● 晚餐後徹底放鬆　　　227
　　「早餐吃得飽，中餐吃得好，晚餐吃得少。」晚餐愈簡單愈好。

附錄　　　231

　● 壽命指數的小測驗　　　232
　● 抗老食品採購清單CHECK LIST　　　236

作者序—優雅抗老

　　一開始動筆寫這本討論抗老化的書，動機來自於我本人的想法：要老的優雅自然，順應天命－最重要的是健康無慮。我在電視公司和廣播電台工作超過二十年，自三十多歲起一直是個煙不離手，飲酒成癮、工作超時的職業婦女。四十算開始我的人生有了一大轉變，開始接受訓練，學習當個自然療法的營養學者，並且也動筆寫些生機養生的書來。

　　現在的我處於五十而知天命之齡，這也該是時候我把自己學習到、經歷過的種種對抗老化的資訊著手整理，彙集成書供每個跟我有相同目標的朋友共享。我不期望自己可以像三十歲般嬌艷欲滴，但我期盼心態是像而立之年的熱情不減：充實的生活、富同情心、精力充沛、生氣蓬勃、因為健康而紅光滿面。從抗老化的醫生和老年生活期刊（Gerontologist）中，我們看到充裕的證明，就算我們成為百歲人瑞，甚至於繼續活下去，沒有理由阻撓我們保有健康的身心狀態。

我想成為那樣的人。

　　我很幸運的住在布萊頓和荷佛（Brighton & Hove）這樣的城市，海

邊是一望無際的沙灘，距沙灘二十米處便是公園。這邊有讓七十歲以上的老人終年游泳運動的良好環境，如果你在五十歲時想上俱樂部去玩玩：沒有問題；你想在六十歲時學溜直排輪：非常歡迎。沒有人認為你該窩在家穿著拖鞋，跟貓咪為伍。那完全是心態的問題，你將會發現：順著心靈走，想作什麼就去做，不要擔心我們在特定年齡該或不該作些什麼，我們就可以看起來、感覺起來都更加年輕有活力。

是的！我是比以前容易疲倦，是的，我的皮膚開始鬆弛，沒有以前那麼緊實有彈性，不過大家認為在我的歲數該有的病痛和症狀，我可是一樣都沒有！而且我要繼續努力以赴來保持這樣的情況，我的秘訣無他－全部來自我們吃進肚子裡的食物、來自我們對人生的態度。所以我已經訂下了長期抗老計畫，歡迎各位當我九十歲在沙灘上跳舞時一起加入我的行列！

蘇茲‧葛蘭

● 注意事項 ●

如果您正接受藥物治療，本身是慢性病患者、體質虛弱易過敏等； 請先尋求專業醫療建議後，再斟酌嘗試本書提及的草藥、運動、精油、飲料等各式處方及療法。所有的方法理論和實際運用，全來自作者親身體驗後得到的結果。這不代表書上的建議足以取代正統醫學療法和藥物。書中提及的產品純粹基於具有延年益壽，駐顏防老的功效而列出、作者以及出版者不曾接受任何公司行號的委託或利益交付。

第一章

阻斷老化因子

對抗自由基

人體老化百分之九十九是來自自由基的氧化效應。
當人體將葡萄糖轉換成體能的同時，
毒素就會生成。

從吃開始抗老

拒絕垃圾食品、鹽、糖、提神飲料、 藥物與酸性食物。

消除有害環境影響

我們所接觸的各種外在環境
也促使我們逐漸老化，
陽光、空氣、交通環境、
方便進步的電子儀器設備等皆是。

充實心靈

有辦法支配自己的身體，
去做許許多多紓壓的活動，
讓自己老年生活變得精彩有計劃。

趁著年輕，就讓我們從內在及外在原因探討爲什麼人會老化。這些因素都是讓我們青春小鳥一去不回的敵人，必須一一打倒才能老的健康自如。

●對抗自由基

　　人會老化的主因之一是傷害細胞的自由基，它與基因作用後的氧化反應被認爲是產生致癌細胞、帕金森氏症、阿茲海默症、關節炎、糖尿病、心臟病等病症的相關原因。

　　自由基是具有獨立不成對電子的原子、分子或離子，是在體內進行物質代謝過程中自然發生的產物，而環境污染、精神壓力、電磁波也是產生自由基的主因。自由基之所以有害，是因爲它活潑的特性會和體內的細胞組織產生化學反應，使細胞組織失去功能而破壞。正常人體會生成抗氧化物去應付自由基，不過一旦我們年過五十，這些數以百萬的自由基可會讓你疲於奔命。

　　試著把水果切開暴露在空氣中，果肉很快就酸臭腐敗，而細胞若沒有足夠抗氧化物，便會產生一樣下場。即使遵循著健康飲食和正常作息，還有強壯的免疫系統可以對抗自由基，但多少還是會有無法處理的部份日積月累下來。如果我們想要成爲健康快樂的老人，還是要按部就班的訂下全方位抵禦計劃。

　　國際公認自由基抗老學說專家，內布拉斯加大學醫學院的丹漢・哈曼（Denham Harman）教授說過，人體老化99％是來自自由基的氧化效應。當人體將葡萄糖轉換成體能的同時，毒素就會生成——長期來看會

造成死亡的主因。如果我們住在充滿毒素的環境，抽煙、喝酒又不加以節制的話，那就死的更快。

　　毒素算是有毒害的、會傷身、致命的；甚至於無害只是使你老化，只因它的存在造成更多氧化的自由基也是毒素的一種。雖說有不少醫學專家不相信毒素的存在，但有更多是相信的：就像我，一致認為任何進出細胞並且造成不平衡的都是毒素。一般來說，人體應該可以應付正常數量的自由基，只是再強壯的身體也承受不起大量自由基的猛攻，長期對甲狀腺和腎上腺的傷害不可小覷。而生活的環境如家庭和辦公室，食物中、空氣中幾乎難逃殺蟲劑和殺菌劑之類化學毒素的侵入。從空氣污染到止痛藥，毒素並不一定是張牙舞爪的毒物，只要是我們吸入、

> ## 自由基的氧化
>
> 自由基與基因作用後的氧化反應被認為是產生致癌細胞、帕金森氏症、阿茲海默症、關節炎、糖尿病、心臟病等病症的相關原因。

消化、碰觸等等，造成身體有不良反應的就是。越不是天然產物，人體越不能認同這樣的分子侵入，而我們的細胞也就越多清潔消毒的工作要完成了。

　　我們對抗自由基的戰役應該可以大獲全勝，如果能夠乖乖的吃第三章裡介紹的食材。無論如何，還是從各層面探討正在慢慢傷害我們身體的那些毒素，有一部份會讓你嚇一跳，也有一部份是除非住到高山上去離群索居，否則無法避免的。總之，這些毒素都是自由基製造器，加速我們老化的兇手，值得一看。

● 從吃開始抗老

吃進肚裡的食物對人們身體健康的影響最為明顯直接，以下就從人們愛吃且常吃的各種食物、藥物及飲品中，說明它們如何對身心健康造成不良影響。

● 向垃圾食品SAY NO

垃圾食品對你的身體有害無益，以下這些食物，都要牢牢記住，為了你的青春與健康，離它們愈遠愈好！

油炸物

油炸食品除了含大量會阻塞動脈血管、造成高膽固醇的飽和脂肪酸之外，高溫下的油脂極易變質不穩定，有礙健康。一旦變質，大量的自由基會生成，進而破壞人體全身的細胞。

加工過度的食物

英國一位舉足輕重的食物權威學者埃里克‧邁爾斯東（Erik Millstone）博士，參與一項蘇賽克大學（University of Sussex）舉辦的研究時表示：今日英國的盒裝加工食物裡至少含有四千種人工添加物。以此類推，一般人在一年內至少吃進六至七公斤純化學甘味劑等添加物。

通常加工食品本身就是重糖或重鹽——尤其低脂食物，會添加更多的調味料讓食物可口。沒有比去除正確油脂的食物更能加速你的減肥了。以下章節會陸續補充正確的飲食知識。

速食和外帶食物

雖然我偶爾會點些印度食物外帶，不過外帶食物通常也有重油或重鹽的傾向；而速食即使不全然是含大量人工甘味劑等，但還是有大量的飽和脂肪酸和你駐顏所需的纖維素與酵素不足等問題。

速食比起家裡的自製食物更加難以消化，而短暫停留腸道卻會製造更多毒素。這些廢棄物在腸道停留的越久，就會產生更多會隨著血液循環進入人體全身細胞的毒素。

非生機食物

「不吃生機飲食就像親自參與一項長期的人體實驗，看一年吃進一加侖的農藥和有機磷酸脂會有怎樣的下場。」專業運動員營養師若茲‧卡迪爾（Roz Kadir）警告大家。

我們都知曉化學食物添加物是干擾荷爾蒙分泌的元兇，甚至影響每個細胞的功能，進而加速老化。

請注意：並非貼著有機食物的標籤就代表該食物絕對健康，以有機披薩（organic pizza）為例，這依然是充斥飽和脂肪的一項餐點！僅僅在披薩的部份食材是有機的，有機食品的標籤就會被核發。千萬不要因此被唬住，以為這片油滋滋的麵皮餅會含有什麼對健康有益的營養。

得知含鹽量

如果每一份量以100克為單位，標示含鹽5克這很清楚；但若是標示鈉而非鹽，請乘以2.5──讓數字告訴你真正的鹽份，那可能會讓你震驚。

●減少攝取三「S」食物

所謂三「S」指的是：鹽（Salt）、糖（Sugar）以及提神飲料（Stimulants），逐步降低對它們的依賴，會使身體更健康、更有活力。

鹽（Salt）

過量的鈉、氯化物或鹽度會使血壓升高，進而和以下病症產生聯結：心血管疾病、中風、關節炎和胃癌等。吃的太鹹讓人體持續對水份的渴求，所以水腫或頻尿的毛病也就接二連三。鹽對促進新陳代謝、電解質平衡是正面又不可或缺的，少了鹽我們也活不下去；事實上我們一日只需要六克左右，但大部份的人都攝取了雙倍的份量。我們所吃進去的鹽，大部份都隱藏在食物如加工過的、餐廳外食、罐頭食品等等。

戒鹽者的紅燈名單

- 培根
- 煙燻或醃製肉類如火腿
- 香烤豆子
- 乳瑪琳（Margarine）
- 硬質乳酪如巧達乳酪（Chedder）
- 早餐的穀類麥片
- 餅乾零食
- 披薩
- 洋芋片

- 外賣熟食
- 肉腸
- 燻製魚類（50克煙燻鮭魚含3.75克以上的鹽）
- 罐頭湯
- 番茄醬汁
- 白麵包（一份三明治的鹽份已經是每日建議攝取量的一半，而且是什麼都還沒夾進去的！）

研究鹽和特定心臟疾病關聯的先驅——倫敦聖喬治醫院的葛拉罕‧麥葛雷哥（Graham MacGregor）教授說明：自每日攝取的鹽份十到十二克中減少一半，一年可拯救至少七萬人免於中風或心臟病，其中更有一半人的病情是致命的程度：「對於食物中隱藏的鹹味我們要格外注意！最典型的例子就是鹹口味的玉米片：鹽份幾乎跟海水一樣重，比洋芋片更鹹。還有英國人飲食中的麵包也大多過鹹。」而這些隱藏的鹽鹽危機要如何辨別，建議您詳細看看產品標籤的成份表。

抗老化飲食計劃裡，每日鹽份攝取量會自動調整減少到八成五左右：你仍舊有鹽要吃，只是變成更有機、易於吸收的型態：如蔬菜本身已經富含鈉。假使你覺得沒鹹味的食物讓你味如嚼蠟、難以下嚥，後面章節有我介紹的幾種海鹽和岩鹽，可安心食用。

同時還要再勸告一聲，盡可能吃的清淡。你的味蕾很快就會適應，而且很快就察覺以往的食物口味太重。

糖（Sugar）

九成有念珠菌感染毛病的人，都吃了太多的糖份。

過量精製糖無疑地會縮短你的壽命，因為糖份掠取身體必須的維他

命和礦物質，讓飽和脂肪酸無法被利用，供應肝膽劣等微生物質，導致浮腫和念珠菌感染，並且分解牙齒的礦物質。

過量的糖會加重腎上腺負擔，干擾胰島素的功能，造成血糖不穩定。糖在抗老飲食的菜單可以說是完全被排除在外，根據專家說法，糖和蛋白質交互作用之後會產生醣化，使皮膚細胞硬化、缺乏彈性，造成皺紋。

坦白說，糖在各方面都毫無營養價值；沒錯！糖是好吃又難以抗拒的，不過午後對巧克力的渴望只代表你的血糖指數一個大波動罷了。吃進越多糖，你就越常有機會去經驗這樣的波動。如果我們食用大量的巧克力棒生成的葡萄糖派不上用場、無處可去，那麼只會在我們體內囤積更多脂肪罷了。

至於人工甘味料，那更是跟抗老飲食沾不上一點邊。我不確定長期吃進代糖之類的化學品會對人體造成怎樣的結果，只是就我個人看過的報導和實驗結果，這些化合物跟毒藥沒有兩樣。

最後講到甜味飲料，這些會濾掉骨頭鈣質、造成血糖竄高、胰島素強烈分泌的糖水，充其量只是製造胖子的催化劑。你喝的越多，就會更想吃那些甜點零食。最重要的是，無論是低卡或是低脂製品，這些甜食都含有許多添加物和色素等等，將在後面章節再詳細討論。

提神飲料（Stimulants）

1. 咖啡：即使一天只喝兩杯咖啡，對加速老化的荷爾蒙皮質醇也有刺激分泌的作用。會讓你老得更快的荷爾蒙不多，但是我們對咖啡的飲用量在諸多考量下，必須加強控制。過度酗咖啡會影響內分泌、腦細

胞、胰島素分泌，還會使你發胖——這點讓不少人嚇一跳，但是有許多診所以減少飲用咖啡，促進病患體重減輕是不爭的事實，尤其是改喝綠茶之後的效果更佳。

咖啡對神經系統更是最強的提神飲料，更會導致失眠、消化和腸道的毛病，甚至心臟問題。再者，咖啡是良好的利尿劑，會使你脫水；所以喝太多真的會讓細胞乾涸，對於想讓皮膚潤澤光滑的我們沒有好處。

咖啡若非經有機生產製造，那麼有不少化學品和毒素會在加工時使用。低咖啡因的咖啡更糟，這種咖啡是將咖啡豆未烘焙前，以一種化學溶劑將咖啡因萃取出來。已經有許多研究指出：這殘留的萃取溶劑是一種致癌物。所以在購買時要確定是用健康的蒸餾水或瑞士萃取方式（Swiss Process）製成的咖啡豆。

我知道要完全戒掉咖啡有多困難，畢竟在起床後來一杯提神飲料，可說是一天的正式開始；更不要說在寫作時有多需要咖啡來幫助思考了。不過我禁止自己喝咖啡改喝茶也有幾個月時間，發現並沒想像中痛苦。如果真的非喝不可，就讓自己一天一杯有機咖啡吧！

補充一點，咖啡會分解鈣質和維他命B，所以飲用的同時要記得多補充含有這些營養的食物。

2. 茶：茶的好處多多，這點最近的報章雜誌很多篇幅值得一看。這是英國人最喜歡的飲料之一，富含抗氧化物和多種營養可以抵禦自由基的侵略。至於茶的好與壞在第五章中有更多描述，在此不多談。

3. 酒精：嚴格來說，酒精不算刺激性飲料，因為飲酒會鬆弛神經。不過酒精無疑的會刺激肝臟進行排毒，可能會讓人中風、脫水、老的更快。只要回憶一下那幾個宿醉、頭痛欲裂的早晨，就知道為什麼酗酒讓

你早死。而迅速地失去水份，是因為人體的水份都自原本應該在的位置流向工作過量的肝臟和胰臟。如果你要皮膚潤澤飽滿，趕快戒酒吧！

酒精含大量糖份，喝太多都是造成肥胖的原因；更別說讓血糖忽高忽低，讓你中廣癡肥了。

如果你跟我一樣懷疑：為什麼我們喝酒後的半夜會甦醒過來，然後很難再入睡。就是因為酒精會讓我們一開始鬆懈想睡，但開始促進正腎上腺素的分泌，一種使人興奮和最終疲憊不堪的荷爾蒙讓你清晨三點醒來，睜眼到天明。

紅酒是我無法擺脫的毒品，不喝不行。但我相對也讀到不少正面報導讓我放心暢飲；當然這裡指的是偶爾一到兩杯，不是每晚都喝。

● 藥 物

藥物可以醫人，也可以害人；使用得當可以治病，反之也會變成令人致死的毒藥，使用時不可不慎！若能常保身體健康，自然能遠離藥物的戕害。

香 煙

最最難以戒掉的毒品啊！我只能說：若是不戒煙，你就等著比那些不抽煙的朋友早死十年吧！我們都知道香煙會造成怎麼樣可怕的致死病

症，但相較其他毒藥，煙也是讓你的皮膚老的最快的。一包煙可以造成肺臟的過多自由基，然後藉由血液徹底循環全身的器官、腺體、細胞等，讓你的皮膚變差，牙齒變黃。

就算不抽煙或是抽的不多，我們都知道二手煙有多可怕。光坐在你那愛抽煙的朋友旁邊，吸著他吐出來的煙霧，你吸進去的毒素不輸抽煙者。

如果你無法勸阻他或她抽煙，起碼告訴這些癮君子到戶外去享受。實驗報告指出，就算是貓狗等寵物，常吸二手煙也會死的快一點。所以仔細想想我們會有怎樣的好下場。

看完此書你仍然戒不掉煙的話，試著改變你的生活型態，看看醫生或是其他療法的專家，尋求尼古丁替代法之類的治療方式。你知道我念了這麼多都是為你好！

處方藥物

我並不是要各位丟棄任何正在服用的藥物，特別是有病纏身的人要格外注意。我只是希望大家留意一點：所有的藥物無論是否合法，草藥或中西醫，多少都帶著會加重肝臟負荷的毒素。而負擔過大的肝臟，對於長期對抗老化來說是幫不上忙的。

長期服藥

如果你一直以來都服用治療背痛、頭疼、消化不良或是便秘之類的藥物，我建議各位試著暫停服藥幾個星期。一方面讓解毒的肝休息一下，一方面試著增強自己的免疫力。肝臟要花大約六星期的時間來完全重建再生，你也可以看出自己皮膚因此變好了。對於諸多隨著年老而來

的小毛病，除了服藥還有更多的替代療法。

你可以參考專家的說法：北史丹福郡醫院的神經專科顧問西蒙·伊麗絲（Simon Ellis）博士表示：每個月吃七次普拿疼之類藥物，對你的肝臟來說就算是超過了。

社交性藥物

身為嬰兒潮的一員，難以避免在社交場合來上一管。不過就算是草藥，大麻的四氫大麻醇（tetrahydrocannabinol）成份會儲存在人體和肝臟，進而造成更多自由基的產生。經常性吸食這樣的社交性藥物對我們沒有益處，至少要花一年來將毒素排除。（編按：台灣將大麻列為二級毒品，使用者被視為煙毒犯，需強制勒戒。）

● 酸性食物

雖說酸性食物不盡然和毒素直接畫上等號，但食用過量多少對人體健康是個威脅。這樣的威脅越大，人體的細胞就越容易耗損氧化。身體長期處於威脅之下，久而久之會變得乾枯：胃不易消化每天吃進去的食物、肝臟的解毒功能無法發揮，最後會使得皮膚變糟、水腫、昏昏欲睡、關節有毛病，便祕等──所有我們認為充實健康的人生所不該有的問題通通產生。

酸性食物要消耗我們消化系統莫大的精力，去分解、再利用，包括排除也一樣。越是複雜精緻的酸性食物，精力的需求量也越大，在這一段過程中我們也越覺得疲憊不堪，因為血液會自大腦或其他地方流向消

化系統協助。我們的消化道因擠滿腐臭的食物殘渣而阻塞，成千上萬的腸道絨毛便無法順利消化吸收，疾病也就順理成章的生成了。

　　疾病形成的主因就是細胞酸化害的。細胞過酸，以至於不能排毒，也不能順利吸收營養如礦物質等，所以整個人的體質就越來越差。一般而言，我們不會講到體內PH值的確切數字，是因為其實人體是會製造酸鹼兩種不同體液的：譬如說胃酸毫無疑問是酸性的，不過膽汁和胰液卻是鹼性的，整合之後會流入小腸內進行吸收工作。

　　由於我們的飲食習慣，大部份體內都呈現出酸性體質。以下的一些介紹就是提醒大家，要老的健康就要開始收斂酸性食物的份量。這並不是教你馬上戒掉自己喜歡的麵包或是乳酪，只是要你進一步了解這些食物的缺點。你永遠可以自己決定吃或不吃。

小　麥

　　雖然全麥穀物的小麥是絕佳的碳水化合物來源，可以供給人體所需的維他命等營養，但小麥不易消化，同時也是酸性食物。大部份放在超市貨架上的麵包品質都很差，加了很多糖和鹽，還有添加物。如果你想知道那些麵包加了多少人工添加物，只要和一條新鮮的法國麵包一起放在冰箱作個儲存實驗，結果你可能會嚇到！英國製的麵包一向以引起消化及腸胃毛病惹人厭，很有趣的是我的客戶只要到國外渡假，這些不適通通一掃而空。

　　英國過敏者組織做的最新調查指出，20％認為自己對小麥過敏的人中，不到3％是真正有這毛病的。只是根據我的客戶親身經驗，這個數字實際上應該要大得多。

許多人對小麥過敏其實是對麵包裡的麩質過敏。小麥含有兩種不易消化的蛋白質：醇溶蛋白（gliadin）及麥粒蛋白（glutentin），一般是在麵粉加水揉製麵包時產生。這些是做麵包不可或缺的成份，但也是讓許多人的腸道吃不消的物質。醇溶蛋白會在腸壁上隔離膜，讓腸道疲於應付，妨礙消化。種種問題最終會讓你便秘、腸胃不適、腐敗菌種生成，還可能造成更多、更嚴重的病症，如腹腔感染等。

就算你自以為情況沒那麼嚴重，但每當你吃下一個三明治或是一頓義大利麵，你的身體就需要三大杯水幫助分解這些澱粉與麩質。日積月累下來，你的腰圍就粗了一大圈。

如果你有個鐵胃鋼腸，對小麥這類穀物一點問題都沒有，那麼就吃吧！只是如果你的排泄情況不佳，不常去廁所，那麼還是節制點的好。

我個人意見是一個健康有氧的身體，偶爾吃吃小麥不是問題，這邊不是指一天四次這樣的頻率。只是假使你要吃穀物豐富的一餐，莫忘多多飲水幫助消化。

白 米

穀類中營養含量最豐富的維他命B，通常在白米加工過程中被篩除掉了：米粒收割後多被清洗、漂白、碾磨、加油、潤澤等披上一件賣相佳的外衣；這樣的白米或許比小麥容易消化，不過營養所剩無幾。盡快用更健康有機的穀類食品替換掉吧！

乳製品

以我的觀點來說，所謂乳製品就是牛奶或乳酪製成的，與山羊乳或

- 乳酪含大量的鈉。
- 乳酪非常不容易消化。
- 酪蛋白與我們用來取代木工膠合物的是同一種物質。
- 乳酪會讓腸道產生過多黏液。
- 乳酪會促進腐敗的微生物在腸道生存。
- 乳酪影響礦物質吸收。
- 牛隻被餵給含成長激素和荷爾蒙的飼料，這些都可能藉由乳製品讓人吃進去。
- 乳脂中大部份的營養會在加熱殺菌中喪失。
- 牛奶含有10：1的鈣和鎂，這樣極端不平衡的成份對人體健康可能是個問題。

綿羊奶做成的不一樣；牛油和優格還可以算是。乳糖不耐症和牛奶過敏症在英國很常見，幾乎歐洲的白種人有8％都有這樣的毛病，而非洲和亞洲人更有80％都是不能承受鮮奶的可憐蟲，全因為缺乏消化乳糖的酵素——乳糖酵素（lactase）。

如果你從小就有耳疾、扁桃腺炎、濕疹、氣喘之類的毛病，那麼你對牛奶中的蛋白質或是乳糖也會過敏。乳糖酵素和牛奶中的酪蛋白是主要的過敏原，而牛奶非常容易生成黏液或變酸，一直以來都與慢性鼻黏膜炎、鼻竇炎和花粉熱等病痛脫離不了關係。

脫脂奶並不比全脂奶好，雖然飽和脂肪被移走，但相對的維他命D和A等營養也一併被帶走了。所有你自以為喝進的鈣質，少了這些維他命和鎂也是無法吸收的。

熱牛奶比冰牛奶更容易消化，也更多幫助安眠和神經放鬆的色氨酸。所以如果你無法放棄每晚睡前的一杯牛奶或熱可可，那就喝低脂或全脂的有機牛奶吧！

人類是全球哺乳動物中唯一成年後仍舊飲用牛奶的，其他成年的哺乳類則靠吃特定的綠色植物來獲取鈣質。而罹患骨質疏鬆症比率最高的國家，同時也是飲用牛奶最多的；我們有太多鈣質來源的食物遠比牛奶更容易消化吸收。不喝牛奶你不會死的！相信我——我發現這點時也是十分驚訝。不過你如果對牛奶沒有什麼排斥現象，那麼就繼續喝吧！

肉 類

一份含有大量飽和脂肪酸的飲食如培根、香腸和加工肉品等，可以說是篤定帶領你走向高膽固醇和心血管疾病的道路。肉類完全是酸性物質，會讓造成水腫、便祕的菌類生長。一頓牛排從消化吸收到徹底排出體外可要好幾天的時間。

除非這些肉類是經過有機飼養；大部份人工飼育的肉食動物，大多含有化學藥物的殘留，那當然是來自成長時的注射和日夜的餵養。有研究報告指出，素食者平均可以比肉食者活的健康並長壽十年，而且大多不是因為癌症或是心臟疾病致命的。不過另一方面，動物性蛋白質對健康有光澤的皮膚細胞是不可或缺的。

飲食中缺乏內臟，曾經被懷疑是構成現在稀鬆平常的甲狀腺機能不足現象的主因；但是任何人只要有關節炎、腸癌、或是心臟病的家族史，都該嘗試把菜單裡的肉類改成富含油脂的魚類。有更多討論在第三章裡，所以在閱讀之後再決定是否要刪減你的肉食比例。以下的表格，

列出對你長期健康有影響的肉類從最好的到最壞的，建議如果要繼續吃
肉——就吃最好的！

肉類的選擇次序

1. 合法的野味　　2. 家禽肉
3. 羊肉　　　　　4. 牛肉
5. 豬肉　　　　　6. 內臟
7. 肉製品，如培根、香腸、火腿等

馬鈴薯及其他根莖作物

馬鈴薯是老化兇手的成員之一，因為它的大量澱粉不易消化。即使
成份含有大量的營養和纖維素，不過有部份人還是難以接受。

任何人只要有血糖的毛病就該對馬鈴薯舉出局牌，一個烤馬鈴薯會
快速將醣類和澱粉釋放出來，讓血糖上升和胰島素急速分泌，引起發炎
反應和疲累感。水煮馬鈴薯比起烤馬鈴薯和馬鈴薯泥，對有血糖不穩的
人來說更適當。

上述理由給我們部份的人充分解釋，為什麼要遠離馬鈴薯和其他根
莖類。馬鈴薯、番茄、茄子、椒類等都屬於鹼性家族，含有一種稱為龍
葵鹼毒素（Solanine）的成份。大家都知道被關節炎、肌肉痠痛之類發
炎毛病困擾的人，只要避開食用茄屬植物就可以獲得紓解。無論這是因

為這些植物的酸性或是毒素造成的，總之，只要能減輕疼痛，這個簡單的禁食令應該值得一試。

但是身體健康沒這些毛病的人，倒是可以大啖上述蔬菜，畢竟營養都是相當豐富——除了馬鈴薯之外。

● 消除有害環境影響

除了飲食因素之外，我們所接觸的各種外在環境也促使我們逐漸老化。陽光、空氣、交通環境、方便進步的電子儀器設備等，也在不知不覺中扼殺我們的健康。

日光浴

講到抗老化這個課題，一定有充分的資訊告訴你：對長期暴曬在陽光下的運動敬而遠之。簡言之，曬太陽過久讓你皮膚起皺，對皮膚細胞造成永遠的傷害，甚至於皮膚癌。如果你要皮膚年輕有彈性，那麼避開夏日上午十一點到下午三點的陽光。

空氣污染

城市和鄉鎮的空氣污染，與氣喘還有支氣管炎的盛行息息相關。光想像這些污染對於我們的皮膚，還有內、外在會有多少不良影響。我們可以靠多吃新鮮抗老的水果蔬菜來保護自己，對抗自由基和這些無形的毒素。

經常性搭乘飛機

我知道不是每個人都有機會常坐長途飛機，只是想讓各位知道長途飛航會對我們身體造成什麼影響：高空的臭氧、輻射、氧氣不足、高壓、時差和造成深度靜脈血栓的經濟艙症候群。所以飛行時要多喝水，並且避開3S（sugar糖、salt鹽、stimulants刺激飲料）。細胞一天需要二公升水的補充，特別是長途旅行的航行。記得訂位時要求靠走道的位置，以便順利如廁，還可以順便伸展手腳。

經常性搭乘地下鐵或捷運

倫敦的地下鐵系統充滿了複雜的線路、石棉浮游物等各式各樣的化學物質，還有電磁波等。忙碌的今日靠這樣的運輸車廂通勤，雖然方便卻帶給人更多壓迫和忙碌。坐公車、騎腳踏車或是乾脆用走的都是不錯的替代方案。

頻繁使用行動電話

這點讓我很火！真的。就算是我正在打字，也搞不清楚為什麼行動電話明明是設計給人在外出行動用的，卻還是有人在家裡拿手機聊天？不要說電磁波了，光是講三十秒手機，就夠讓你的腦血管擴張，腦細胞受損。所以講到手機時，不如想想要如何少講一點電話，幫助大腦細胞靈活年輕。

除了隱藏在食物中的諸多化學添加物，日常生活中還有更多化學品是我們直接塗抹在皮膚上的。大部份我們敷用的保養品會透過毛細孔吸收進入血液，所以就算非用不可，為了你本人還有家人的健康，盡量用一些天然的產品。我列出一些要特別注意預防的毒素，是大部份人都常常使用的。

肌膚毒物

· 膠原蛋白 （Collagen）	大部份的潤膚用品如精華液都有這個成份，取自動物皮或是雞爪，會造成皮膚窒息缺氧。
· 甲醛 （Formaldehyde）	在大部份的化妝品和美甲產品看得到，對人體過份刺激，也是致癌物質的一種。
· 丙烯乙二醇 （Propylene glycol）	除了保養品，在煞車油和防凍劑也會看到一樣的成份。
· 介面活性劑 （sodium lauryl sulphate， 十二烷硫酸鈉）	在化妝品、洗髮精、牙膏等清潔劑都看得到，甚至於車庫的地板清潔劑，還有引擎的去漬劑等。這是大家普遍熟知的一種刺激的化學活性劑，會侵略人體細胞，對眼睛、心臟、大腦、肝臟等造成永久的傷害。

電子儀器

所有的電子儀器，包括我本人面前的筆記型電腦，都會發出或多或少的電磁波。有許多的電磁波強度比我們所知更強，並且透過不同的傳輸線一再發送。根據電源觀測站（Powerwatch，英國一個獨立的電磁輻射測量機構）尚·菲力普（Jean Philips）先生說明，許多科學家都已經證實過多電磁波圍繞會對人體健康有不良影響，包含免疫系統受損、癌症和老人癡呆等毛病。

就算一天只有幾分鐘也足以讓你頭痛、沮喪、情緒波動、沒勁、注意力不集中。在我連續使用電腦工作幾個小時，我的頭腦悶痛，體力耗盡，感覺像脫水一樣。至於解決辦法有那些，後面章節有介紹──而且我想各位也都知道怎樣讓自己日子更好過，不是嗎？

造成壓力的原因

- 不良的人際關係
- 壓力大的工作
- 緊繃的家庭生活
- 運動量少或完全不運動
- 新鮮空氣不足或極少日曬
- 總是來去匆匆

- 從不冥想
- 不做有氧運動
- 不做瑜珈或太極拳運動
- 從不「光是坐著，啥都不做」
- 沒有輕鬆時刻
- 沒有自我時間

　　我統整以下造成壓力的原因，讓各位檢視一下自己的生活。這些隨著年齡增加紛至沓來的瑣碎雜事，讓我們煩心並且身體不適，而那當下就是毒素產生的時候。最近有研究報告指出：壓力會使得大腦葉負責記憶的部份縮小，而一個不健康的大腦是無法促進青春荷爾蒙有效分泌的。

　　在第十一章裡，我們會討論更多讓大家老年生活更為充實的辦法。說到底，我們沒有人可以活在純氧底下，吃著純淨無汙染的食物，完全沒有電子儀器和社會接軌及其他刺激物品；但是我們有辦法支配自己的身體，去做許許多多紓壓的活動，讓自己老年生活變得精彩有計劃。

───── 第二章 ─────

關鍵荷爾蒙

───── 大腦是抗老指揮中心 ─────

九成內分泌系統的荷爾蒙由大腦來生成控制，
這些激素可以刺激、調節並統合人體內
各種功能運作的化學物質。
一旦大腦不健康，這些腺體會立即受到影響。
足夠的營養補充和規律正常的生活方式，
可以讓腦部保持在最佳狀態。

───── 神奇的內分泌系統 ─────

由腦下垂體、下視丘腺、松果腺、甲狀腺、副甲狀腺、
胸腺、腎上腺、胰腺和卵巢組成的內分泌腺，
如同製造激素的交響樂團，
控制你身體的每一部份。
若其中有一個不適任的成員走調，
整個樂團演奏的樂曲就跟著荒腔走板。

荷爾蒙的原文Hormone來自希臘文的字義「使興奮」。現在已發現的荷爾蒙激素超過三十種，荷爾蒙主要功能在於活化人體細胞。不幸的是，荷爾蒙激素會因年齡增長而減少，對人類的外觀以及感官有重大影響。年過四十，人類的雌激素和睪固酮都會下降；年過五十，珍貴的青春激素——類固醇激素DHEA和黃體素會直直落，過六十更是戲劇性的落到谷底。不過真正的壞消息是，兩個和病痛息息相關的腺體——胰島素和皮質醇也會隨年齡老化而降低，那將導致胰島素分泌不穩定、糖尿病等等瑣碎又拖拖拉拉的身體毛病。

不過別絕望，本書的每個章節都針對如何增強每個細胞、腺體、器官，還有荷爾蒙，來幫助你年齡漸增，卻仍可以臉色健康紅潤、神采奕奕。

●大腦是抗老指揮中心

抗老化的旅程當然是要從最重要的大腦開始囉！內分泌系統中的荷爾蒙，九成由大腦生成控制，這些各式各樣激素可以刺激、調節並統合人體內各種功能運作的化學物質。一旦大腦不健康，這些腺體會立即受到影響。《邊陲效應》（*The Edge Effect*）的作者艾立克‧貝夫曼博士（Eric Braveman）同時也是首屈一指的大腦細胞專家，他將人體大腦比喻為房子的屋頂：「人們通常會仔細保養他們的房子，除了屋頂之外。」他又說：「如果大腦健康被忽略的話，人體的各項機能無法發揮最佳功能；那些行為失準或是記憶力減退的人，大腦結構通常是一團糟。」最簡單的例子就是阿茲海默症（老人癡呆症），部份抗老化的醫生認為，會

到最糟的情況就是大腦硬板化（雖然稱為硬板化，但你可以想成是因朽壞而變脆弱）。換句話說，如果我們的健康動脈可以順利運送充滿氧氣、富營養的血液到大腦，而不是阻塞、窒礙難行的話，許多癡呆

或是行為失控都是可以預防、避免的。

　　儘管你現在處於智力發展高峰期的二十到三十歲，不代表之後你就一定要走向下坡。足夠的營養補充和規律正常的生活方式，比你想像中更能保持腦部的最佳狀態。我在本書中會不斷提到，自由基在老化階段中對人體的侵蝕，而最重要的就是影響大腦的功能。自由基造成的毒物和氧化作用，會逐漸侵蝕大腦精密的組織；而生活環境裡無形的壓力和

大腦的敵人

- 鉛
- 鋁（來自烹調鍋具）
- 鎘（來自香煙）
- 自來水
- 酒精（只要一杯就足以謀殺上百萬腦細胞）

- 殺蟲劑
- 暴力電影
- 震耳欲聾的音樂
- 有電磁波家電用品，如微波爐、電視、電腦、行動電話等

毒性，大腦通通都概括接受，使得退化情況更加嚴重。如果你不常用腦，那麼智力退化的程度就更快了。

大腦與人體的肌肉組織一樣，不用就會萎縮。所以在你衝到最近的藥房購買最新、最昂貴的補充品或維他命之前，

> ● 跳舞活化你的大腦
>
> 上舞廳跳舞、手舞足蹈、佛朗明哥舞等等，只要你喜歡就去做吧！科學家發現跳舞，特別是國標舞中的探戈可以有效降低75%老人癡呆症的比率，因為大腦和專注力充分被利用。

請再閱讀下去，你將知道下半生該如何善待大腦。在第三章已經提到不少抗老化的食物，而上一頁我則列出一些各位該敬而遠之的物質，好讓大腦能發揮效能，並幫助製造抗老激素。

● 神奇的內分泌系統

讓我們一起來對內分泌腺做個巡禮——人體內有兩種腺體：透過導管分泌像唾液等物質的外分泌腺，以及直接向血液分泌激素的無導管分泌腺。腦下垂體、下視丘腺、松果腺、甲狀腺、副甲狀腺、胸腺、腎上腺、胰腺和卵巢等內分泌腺才是我們要討論的部份。

想像這整套系統就像是一個製造激素的交響樂團，控制你身體的每一部份，從何時發送饑餓訊號到何時該上床睡覺。若其中有一個不適任的成員走調，整個樂團演奏的樂曲就跟著荒腔走板。你不可能在腺體出問題的同時，還能保有正常分泌的激素。如果你的細胞衰弱不堪，你的腺體也不可能狀況良好。你的細胞要維持在最佳狀態，除非你作息正

常，定期供給細胞充足的氧氣、養份和水。這解釋了為什麼健康的人體其實來自健康的生活。

● 腦下垂體

腦下垂體是人類最重要的腺體之一，腦下垂體調節人體內其他內分泌腺的激素製造。我們要特別注意的是成長荷爾蒙（GH, Growth Hormones），這是一種隨著我們長大、減少分泌的一種激素。年過三十到五十，GH的減少讓我們肌肉縮水，脂肪囤積，然後忽然間種種老化的跡象在鏡子對我們奸笑著：下垂的皮膚、深刻的皺紋、中廣的身材。

這裡有些方式幫助你的腦下垂體持續分泌珍貴的GH：

1. 規律運動：一天運動十五分鐘有助於分泌更多GH。

2. 充足睡眠：大腦多在夜晚睡眠時，祕密地製造調節人體內其他內分泌腺的激素，順便修護人體的組織。

3. 謝絕咖啡：一天只要兩杯咖啡，GH分泌量就會大幅下降。

● 下視丘腺

由下視丘製造的激素，可刺激其他腺體生產並釋放激素。當你身體處於極度疼痛或是高壓下，這個腺體會主導我們感覺——例如生產時。最近十年來內分泌學家已經精確指出，這個腺體就是決定我們口渴與否、是否過熱、該不該流汗等。下視丘腺和其他腺體緊密聯結，特別是頭部的腦下垂體、松果腺和甲狀腺。

● 松果腺

松果腺就像打擊樂手，大部份主流醫師不看重這個腺體；但希臘人非常重視它，並稱之為「靈魂的座椅」(the seat of the soul)，東方神秘主義和瑜珈行者稱之為「第三隻眼」(the third eye)。我也恰巧認為如果你要活得年輕睡得好，它可是超級重要的。

松果腺就像它的名稱由來，是個松果形狀的小分泌腺體，專門製造可控制像睡眠或覺醒等人體節奏的褪黑激素。透過視覺神經可以接受到光線刺激，所以會提醒人體細胞何

> ### 如何使你的松果腺更健康
>
> 把床頭的電話移開。一台無線電話的電磁波會干擾松果腺製造褪黑激素，所以把床頭櫃上的任何電器用品通通拿走！

時該醒過來。但是褪黑激素會隨著人體老化而減少分泌，當我們六十歲時比起二十歲的量已經少了一半，難怪老年人大多睡的少，每年冬天還會有季節性失調症。

其實有更多的自然方式讓松果腺的效能更佳，例如使用按摩油或是特別的飲食。但首先我們從睡眠談起。我的客戶最常抱怨的就是這點。大部份人差不多年過五十就開始抱怨睡眠品質低落，年過六十則有更多會到醫生那裡尋求幫助。一夜安眠是抗老計劃最基本的部份，因為大部份細胞修護的工作都是在我們睡眠時進行。我們一般需要七到八小時睡眠，不必更多。

另外有個奇妙的小祕訣分享給大家：一個受過正規醫學訓練的醫生曾經告訴我他前一晚沒睡好，只因為飯店的床位不對！他說，要一夜好

眠，床尾必須朝向北方，以符合地球的磁場。以腳面向北方躺下來，會幫助你個人的精氣神和宇宙的磁場達到和諧的狀態。

我忘記是在那裡也有看過這個小秘方，但我必須承認自己通常都睡的歪七扭八，清醒時很奇妙的發現我的腳後跟總指向北方，儘管我的床是東西向！

● 甲狀腺

甲狀腺是頸部前面一個很重要的內分泌腺體，它的形狀就像一隻蝴蝶，蝴蝶的兩邊翅膀就是甲狀腺的左右兩葉。甲狀腺素可以促進體內各種組織的新陳代謝。如果缺乏甲狀腺荷爾蒙，心臟跳動會變慢，心臟外面的心包膜腔積水、腸胃蠕動差、消化不良而腹脹便秘；骨髓造血機能降低而貧血，成年人反應遲鈍、小孩生長遲緩、大腦發育也不好，變呆小症；生殖器官機能和月經也受到影響；新陳代謝率低、怕冷、皮膚乾

甲狀腺機能不良的徵兆

- 關節炎
- 指甲脆弱
- 四肢末梢冰冷
- 便祕
- 沮喪
- 水份新陳代謝差
- 頭痛

- 注意力不集中
- 昏昏欲睡
- 晨起倦怠
- 抽筋
- 體重忽然增加
- 耳鳴
- 暈眩

燥，容易疲倦；嚴重的話造成黏液水腫性昏迷而死亡。甲狀腺除了分泌甲狀腺荷爾蒙外，尚能分泌降鈣激素，降低血鈣。

世界健康組織估計有一半人（近三十億人口）有甲狀腺專家喬治‧穆通醫師（George Mouton）形容的甲狀腺機能低下的危機，如同人體發電機比起正常的220伏特只有200伏特電力一樣。最常見的情況就是：雖然你已經在暖烘烘的被窩中，但手腳依舊冰冷。上頁有更多徵兆供各位檢視自己，不過這些現象也有可能是其他病因造成的，所以還是要找醫生做正確的診斷。

卡地夫大學藥學系（Welsh School of Pharmacy, Cardiff University）的查爾斯‧賀德醫生（Charles Heard）對於甲狀腺和碘之間的關聯有深入研究。他認為直到今日，含碘飲食對人體甲狀腺的重要性還是被大部份人所忽略。他說：「許多臨床和傳聞的病例都足以證明，日常生活缺乏碘質攝取會導致甲狀腺機能低下。」在第三章中，我們可以看到許多各式各樣的含碘食物；當然還有許多方法讓你的甲狀腺健康運作。

也有部份專家學者認為今日飲食缺乏動物內臟，對普遍性的甲狀腺機能低下不無關係。在古早年代，狂牛症這名詞還沒被發明之前：在節儉的五○、六○年代，我們最少一週會吃一次牛肝或牛腎——這個飲食方式或許有其道理。

現在有不少執業醫生乾脆指示那些甲狀腺機能低下的病患服用動物（特別自牛科動物身上萃取出來的）腺體製劑來作治療。那麼為什麼我們不直接吃內臟算了——如果你很愛吃的話？我偶爾會想吃小牛犢的肝臟，通常會佐以馬鈴薯泥和洋蔥。

再看看更多造成甲狀腺機能低下的原因：

甲狀腺激素低下之因

- 重金屬
- 環境毒素
- 雌激素分泌過多
- 白色念珠菌
- 切除扁桃腺
- 傳染性單核白細胞增多症
- 免疫系統出問題

- 重大手術
- 鐵質過多
- 懷孕
- 壓力
- 慢性疾病
- 嚴苛的節食
- 蛋白質不足

在你急忙衝去諮詢醫生有關你的甲狀腺狀況前，這裡有個有效、準確性高的測試先作一下。這個測試方法首見於1945年的《蘭瑟醫學期刊》（*the Lancet*），現在有不少甲狀腺專家認為這比抽血測試更準確！

巴氏基礎體溫測試法（The Barnes Axial Temperature Test）

要得知準確的甲狀腺素分泌情況，可以自反應新陳代謝率的人體基礎體溫得知。甲狀腺製造控制生長的甲狀腺素和降低血中鈣質濃度的降血鈣素等，所以一旦你的甲狀腺素分泌量低，你的體溫也是一樣。

你所需要的只是一個可以準確量出腋溫的溫度計，睡前放在床邊，醒過來下床做任何事之前，在腋下放十分鐘以測量體溫。這樣連續四天，取得一個平均值。男人和更年期過後的女性可以在任何時間做，只要體溫沒有太大起伏。但經期中的女性會因為荷爾蒙分泌的關係，體溫

不甚穩定，所以建議在經期第一天之後的數天再做測量。

結果：36.8-36.3 正常

36.3-36.0 偏低

36.0-35.5 低

35.5以下就是過低

如果你的體溫是過低的，看看下列抑制碘質吸收的食物表，確定你沒有吃的過量──就算其中是營養豐富的食物，但是會對你的甲狀腺造成影響。

抑制碘質吸收的食物

· 花生   · 芥藍菜
· 包心菜   · 白花椰菜
· 甘藍菜   · 小米
· 青花椰菜   · 大豆製品

如果你不吃這邊列出的食物，穆通醫師還有個好消息：他認為77%的甲狀腺機能低下患者不需藥物治療。你可以靠吃含碘豐富的食物來增進甲狀腺的健康狀態，例如海帶、鱈魚或黑線鱈等魚類，還有海菜等。天然的海藻其實就是最棒的甲狀腺機能低下治療良方，除非你本身已經在服用生化碘劑或是其他類似成份的藥品。基本上，先嘗試含碘飲食一陣子，再作體溫測量，看看結果是否有改善，再去看醫生。

● 副甲狀腺

人類的副甲狀腺有四個，黃色火柴頭大小，長在甲狀腺上下兩方各一。首次發現是在1925年，醫學系的學生被教導把它跟嗚咽（moans）、呻吟（groans）、結石（stones）等人體反應作聯想。它的角色是

> **別喝自來水**
>
> 停止喝自來水。甲狀腺專家證明水中的氟化物對目前流行的甲狀腺機能低下要負大半責任。氟化物會讓甲狀腺分泌失調，這是已經被證明的事實。

製造提高血中鈣質濃度的副甲狀腺素，如果功能發揮不完全，你會感覺不舒服，睡不好而嗚咽哀號；進而讓你有患潰瘍和胰臟炎的可能，將會疼痛呻吟；還有腎臟也因為血液鈣質濃度過高，容易生成結石。不過還好副甲狀腺機能低下的比率不高。

● 胸 腺

胸腺的位置主要在胸骨，部份在胸廓，還有一部份在頸部。胸腺是個淋巴器官兼有內分泌功能，主要產生T淋巴細胞及分泌胸腺素，參與細胞免疫功能。問題是胸腺一般在青春期達到最大，成年後開始萎縮；而中年後多半被脂肪取代。大部份老化疾病都是因為內分泌大幅衰落所致，所以終究還是要強化這些腺體來換取健康的體魄。讓內分泌系統退化的元兇，最主要的就是下面兩項：

1. 糖：近期有個實驗證明，給年輕人一大杯含60克糖份以上的可

樂，不消45分鐘，他們負責打倒發炎、老化問題的免疫細胞馬上死了一半！

2. 壓力：任何涉足精神官能症領域（研究心理和神經、免疫系統相關學術）的人，都不得不承認：壓力是造成免疫系統減弱最大的原因。不過有個消息會讓你吃驚：雖說長期的壓力會讓免疫細胞衰竭，但偶一爲之的腎上腺素激發，可會增加我們的免疫T淋巴細胞！事實上有學說寫道：如果每個人一週跳一次降落傘，癌症可能會絕跡。對我來說，這麼刺激的活動一輩子一次就夠了，我相信有其他更多好玩的活動是可以和孩子或孫子一起玩，同時也可以身心舒暢的。

● 腎上腺

我們有兩條腎上腺位於腎臟之上，對抗老回春來說非常重要。特別是更年期過後，必須確保腎上腺素表現不出問題，因爲還有其他任務。當更年期過後，雌激素不再製造，腎上腺會取而代之，幫助荷爾蒙生成，讓更年期徵兆不再困擾我們。

腎上腺是位於腎臟上方的小腺體，外面稱皮質，內面爲髓質，左右各一，可分泌多種賀爾蒙。腎上腺皮醇乃由腎上腺皮質所分泌的一種賀爾蒙，可以影響身體所有組織器官，是身體中極重要的賀爾蒙。在緊急狀況下會上升、提供超人般的力量，問題是我們常常讓腎上腺負荷過重

——吃重鹹、多糖、酒精、咖啡和讓人喘不過氣的壓力。

正常狀況下，腎上腺會針對身體所需精確地分泌適量的腎上腺皮醇。這種生理控制機轉是需要腦部的下視丘、腦下垂體和腎上腺的緊密合作。這種調節機轉稱為回饋控制，如果下視丘、腦下垂體或腎上腺出了問題，使得腎上腺皮醇的分泌增加，便會發生問題。只是當我們年過七十，無論是否做飲食控制，皮醇的分泌量會激增，殺死腦細胞、減弱免疫系統、肌肉組織縮水、肌膚老化等。同時血糖上升，胰島素也增加，最後導致老化變快，脂肪生成並累積。

如果以上情況還不夠糟，那麼在我們三十到六十歲之間，珍貴的青春激素——類固醇激素DHEA會銳減。DHEA是荷爾蒙之母，負責調節包括雌激素在內的五十多種荷爾蒙分泌。當我們四十歲時，分泌量只有三十歲時的一半；六十五歲時更是降到只剩5%。DHEA增加便能有效減少脂肪累積情況、讓皮膚緊實、強化免疫能力、增強性慾、強化骨骼等等。只是在英國除非你向抗老醫生做專業諮詢，否則幾乎買不到DHEA的補充劑。

我可以分享兩個免費又天然的DHEA的補充劑：其一是冥想。年過四十五的打坐冥想者可以增加DHEA生成的比率高達47%，完全不必另外節食、運動、戒酒等。關於冥想的方式在後面章節都有介紹。

另一個辦法是尿療法。是的！你沒看錯，就是喝一點你自己的尿。我想99.9%的人會毫不考慮的跳過這部份；但是如果你沒被嚇到的話，這其實很值得親身體驗。在你的尿液中可以發現大量的DHEA，還有可以殺死自由基的尿酸；尿療法的實踐者聽說不少，其中更有許多身材苗條、膚質緊緻的名人，這些人看起來都和那些和他們相提並論的人更年

輕有勁。不過前提是這尿液的成份可得不含咖啡因、尼古丁、酒精和魚肉等等。

　　如果你是素食者，一天兩公升水，排出的尿液無色無味，這樣的品質應該是可堪使用。我可要說清楚一件事，有不少保養品的成份還含有牛或馬的尿液，而剛才在旁邊對尿療法嗤之以鼻的人，是早晚將這些合成物開開心心的抹在臉上的。我也試過尿療法一陣子，只是因為實在戒不掉咖啡而無法持續。

　　說到腎上腺機能不振，其實和甲狀腺機能低下有密切關聯，專家多半先處理腎上腺的問題。在書後中有介紹更多保養腎上腺的食物，在這之前先看看自己的腎上腺素是否一切正常。

● 腎上腺機能低下的徵兆 ●

- ・一直疲憊不堪
- ・慢性疲乏
- ・下背部和腰部痠痛
- ・運動持久耐力差
- ・耳鳴
- ・嗜重鹹
- ・黑眼圈
- ・體毛脫落
- ・皮膚黯沉乾燥

　　一般說來，唾液和體溫的測試會比抽血來的準。所以在看醫生之前最好自己先在家自我檢查一下，剩下來的就是調整飲食和生活習慣：不吃鹽、糖、酒精、咖啡和減輕自己的壓力，自然而然你會有健康的腎上腺。

● 胰 腺

胰腺橫臥於腹後壁，是體內一個非常重要的分泌器官，為一長條十二到十五公分的腺體。所分泌的胰液在食物的刺激下，由胰管輸入十二指腸參與食物的消化過程。除此之外，胰臟還有製造調整血糖濃度的胰島素和胰高血糖素（glucagon）。

舉例來說，當你吃了一顆糖果或是碳水化合物像烤馬鈴薯，你的胰島素會分泌來控制突然攀高的血糖；半小時過後，你會很想再吃點什麼讓血糖再度上升，所以血糖就像雲霄飛車一樣高來低去。壓力大、忙到忘記進食、尼古丁、咖啡因等都是造成血糖不穩的元兇。每當我們多喝了一杯咖啡或是多吃兩塊巧克力，我們的血糖就飆新高，而血液中胰島素的濃度也隨之增減，而產生頭痛、情緒不穩定、過敏、體力透支、四肢冰冷等現象。因為要求分泌胰島素的指令太頻繁，長久下來累壞了胰臟，進而產生胰島素不穩定、慢性胰臟機能低下等，結局當然就是糖尿

胰島素分泌不穩定的徵兆

· 不定期需要吃點甜食

· 有煙癮

· 有暴飲暴食的傾向

· 狼吞虎嚥

· 早上一定要喝咖啡

· 下午茶時間一定要吃巧克力

· 晚餐吃的很多

· 每晚都飲酒

· 沒有香蕉、麵包、馬鈴薯就食不下嚥

· 畏光

病和心臟病了。

二十一世紀的新飲食充滿
了糖份、刺激物和精緻的碳水
化合物，理所當然會讓現代人
得病：肥胖、胰島素不穩定、

喝水代替甜食

如果你又到非吃一塊巧克力不可的
午茶時間，改喝一品脫的水；沒有
比這個更能迅速地均衡血糖的了。

後天糖尿病等；我們嬰兒潮的成人現在胃口被養壞，變成澱粉和糖類食
物的老饕，所以我們的健康出問題也怨不了別人。

當你發現自己有糖尿病前兆，請注意遵守GI飲食法——第六章中有
作說明。例如看似健康營養的食物如馬鈴薯泥，其實升糖指數極高：讓
血糖快速上升的速度跟吃糖果和巧克力沒兩樣。但穀類如糙米能讓血糖
緩慢上升，人體的耐力精力可以維持較久。換個適合自己的飲食法，把
血糖不穩定的情況變成歷史吧！

● 卵 巢

終於講到這讓女人一生牽腸掛肚的兩條腺體：卵巢負責分泌雌激素
和黃體素，為女人生殖進行準備，當然還有經期、情緒不穩、青春痘、
更年期等等。

第一次荷爾蒙波動導致更年期是在三十歲的時候，但也有在四十初
（持續十到十五年）。這一段期間我們的雌激素分泌量開始減少；五十歲
之後，雌激素和黃體素全部都大量減少，最後是經期停止，而你幾乎要
到經期停止後六個月才發覺自己已經是更年期了。

然而有不少女人終其一生在經期都有荷爾蒙失調的問題，下頁的列

表讓身為女人的你一起來看看自己身體的變化。任何一種激素不足的問題都請先看第三章，我相信在直接就醫之前都一定有更好的方法，可以先嘗試看看。

本書已經鎖定一樣是嬰兒潮出生的各位，所以對於像經前症候群（PMT）、頭痛、胸痛等月經前後的身體情況沒有直接的建議；在第三章提到多吃含有Omega-3成份的魚類會有幫助。還有其他更多建議，給在經期中、經期前後、甚至於停經的妳一起分享。

我必須說明的是：以上現象也有可能是其他病因造成的，所以一定要去看醫生以獲得正確的診療。雌激素不足時，皮膚會缺乏彈性，唇邊的皺紋變多或加深，還會有心悸、睡不安穩、冷感、陰道乾涸的現象。前更年期常由經期的長短、出血量由多變少等來定義；這可能發生在三十五或是四十五歲時。我知道我的更年期快到了是當我雙頰開始長斑，臉上長滿雀斑那可是生平第一次。

更年期初期的徵兆有：經

黃體素缺乏的徵兆

· 經前症候群（PMT）
· 水份滯留
· 盜汗
· 骨質疏鬆
· 子宮肌瘤
· 經血量大且經期長

雌激素異常的徵兆

· 體重增加
· 水份滯留
· 胸部脹痛
· 經前症候群（PMT）
· 經血量大、經期長
· 子宮肌瘤

期不規律、長青春痘、體重增加、熱潮紅、易怒、憂鬱不安、記憶力減退。像這樣雌激素和黃體素全部都停止分泌，對女人一生來說是正常不過的事。在英國，女人到達更年期的平均年齡是五十歲，而且有許多徵兆是可以藉由改善飲食、調整作息來避開的。

別忘記當你已經到達前更年期時，腎上腺其實可以取代75%的雌激素；所以腎上腺比起其他無導管分泌腺，更需要細心照顧。像是加滿高辛烷的燃油，馬力全開，讓你順利度過更年期。不幸的是，有部份女性她們的更年期症候群比別人來的難受；遇到這種情況的姐妹們必須循正統醫療模式，接受必要的藥物治療，只求能順利平安的讓自己度過這段時期。

在英國只有不到一成的更年期婦女，情況嚴重到需要接受荷爾蒙補充療法（Hormone Replacement Therapy, HRT）。她們必須服用自馬尿取出的合成激素，欺騙自己身體停經期尚未到來；有點類似避孕藥，欺騙身體已經懷孕了一樣。困擾是一旦停藥，更年期的徵兆反而更強的重返，讓你更加吃不消。我聽過的比喻是HRT就像開壓路機去碾破堅果般小題大作。除非已經無法可施，我寧可選擇眾多自然的療法。

書中有許多食物可以代替有副作用的藥物，多吃含植物雌激素（phytoestrogen）的食物，是最安全簡便的方法。植物的化學成份與人

體雌激素接收細胞可以有效連結，並且模仿激素的功能。但是如果妳有乳癌家族史或是正接受HRT療法，在諮詢過專業醫生前，不要嘗試任何草藥配方。接著我們來看該怎麼應付這些荷爾蒙失調帶來的症候。

熱潮紅

這大部份是因為荷爾蒙失調帶來的血糖不穩定造成的。不吃糖並且一天喝兩公升的水，戒煙、戒酒精和咖啡，菸酒咖啡都會加重熱潮紅的情況，而加工食品和辣味食物也是。確定你有遵守第八章中保養腸道等的各項方法：讓毒素不生成殘留，更年期的症狀不再惡化。

冷感

看一下第三章中的表列介紹，你會知道有哪些含天然雌激素的食物，能夠幫助你。

壓力和心情低落

雌激素分泌不足、鎂和維他命B攝取量不夠都會讓我們變得易怒和情緒失控。而天然食物中輕易就可以找到這幾種含量的食材。

如果你常常感到憂心忡忡，天然藥草中的聖約翰草（St John's Wort）和檸檬香蜂草（Lemon balm）對於輕度到中度的憂鬱症都有治療效果。不過最安全的選擇就是枸杞子，多吃一些天然食品來代替人工營養補充品。另外規律的運動也能幫助身體分泌會使人快樂的激素──腦內啡。

骨質疏鬆

研究結果顯示，更年期時的骨質疏鬆不僅僅是雌激素分泌不足，與青少年時期骨頭生成時營養不良也有關。所以現在二十歲的年輕人骨質密度和比他們老上三十歲的老人家一樣，應該不足為奇。他們的飲食充斥著氣泡飲料：無論低卡或低糖，充滿了會引出骨骼中鈣質的磷酸。

瘦削、高蛋白、重口味飲食的女性，易有骨質疏鬆的傾向。我們會慢慢談到能儲存骨本和加速老化的飲食，你會開始想著減少吃紅肉、鹽、香煙、甜味飲料、酒精等，相對的增加運動的時間。

HRT能讓你不致骨質疏鬆，只是停止服用合成激素，反而鈣質流失更快。做點飲食改變和作息調整無疑是更長久的辦法。

你可能會懷疑，既然講到骨頭怎麼沒提到鈣質，在此我要提醒大家，鈣質雖然對骨骼強壯非常重要，但相對的鎂也必須重視，缺乏後者，鈣質便無法有效吸收利用。

天然HRT療法

一天一茶匙亞麻子會讓更年期對你的影響降至最低：含量最多的天然植物雌激素，就是在這一粒粒金黃籽仁裡，吃下去等於接受天然HRT療法。

疲憊

營養不足、大量經血都可能讓你疲憊不堪，或是加上夜間盜汗、失眠、焦躁和腹瀉等等症狀，會讓情況變更糟。

疼痛

人工合成的尿酸和低分泌量的雌激素都會讓女人關節疼痛。抗老飲

食法強調的就是戒掉酸性飲食，選擇讓身體偏鹼的飲食法。蕁蔴葉茶（Nettle Tea）有助於釋出關節裡的尿酸。

膀胱有問題

在第十章我們會仔細討論這部份，只是你或許會想問：為什麼女人過了更年期就變成梨型身材？其實雌激素不足使得我們膀胱內壁變薄，而多少會影響到小便失禁或頻尿。要訓練有力的膀胱，就要迴避咖啡、氣泡式飲料、酒精、糖和果汁。

皮膚和指甲脆弱

雌激素不足會讓頭髮稀薄，鈣質吸收情況不佳（通常是鎂不足引起的），讓指甲脆化、皮膚失去彈性。

陰道乾燥

雌激素不足加上本質脂肪和維他命E吸收不夠，是陰道乾燥主因。此時，不要用市售的一般香皂清洗私密部位，要用特殊的洗劑來清潔和保養。除此之外，藥房販賣的陰道潤滑劑也會有幫助。

我們已經完成了這趟內分泌系統之旅，所有的內外激素都是保持你的生活節奏不可或缺的幫手；或許有的部份不是運作的那麼理想。如果你想知道更多如何維護內分泌系統的績效，後面章節有許多針對這些腺體的「回春方法」。我相信你現在了解，要有節制攝取部分食物和飲料，以確保激素生成時不被干擾。現在就讓我們繼續看下一章該將那些食物納入菜單吧！

第三章

抗老食物總動員

今天吃蔬菜了嗎？

蔬菜富含抵抗病毒和增進免疫系統的維他命和礦物質。

水果是大自然最珍貴的寶物，

自然健康又多汁，而且有助於抗老化。

抗老魚類、健康肉食

油脂豐富的魚類含有品質優良的動物性蛋白質。

選擇適當的肉類食用，

對皮膚和心臟、關節、大腦也有所助益。

豐富的蛋白質

蛋的蛋白質含量最豐富。

豆類營養價值高且熱量低，可說是素食者的肉類。

而豐富營養和少量飽和脂肪的各式乳製品

更適合素食者和熱愛乳酪的人。

特選五穀雜糧

發芽過後的穀類會轉變為鹼性，能提供大量的纖維和維他命。

堅果則是大自然的優良抗老產物。

種子則儲存了豐富的本質脂肪。

菌菇、香草、海菜

養生真菌以香菇為首，含有多種優質營養。

香草富含抗氧化物，及幫助人體排毒保健的多酚類。

海菜是所有抗老延壽食物中礦物質含量最豐富的。

總結前述，可以得到一個結論：我們如果要壽命延長的同時，仍舊保持外觀年輕、身強體健，最不可或缺的就是有活力的正常細胞。使我們外觀現出老化的原因，是自由基和毒素在人體累積、導致細胞糖化與氧化。游離的自由基傷害正常的細胞，戕害基因，使細胞鏽蝕退化。然而假使我們吃下足夠的抗氧化食物，還有等量的養生食物，便能和這些造成氧化的力量抗衡。

以下列出一些對守護我們青春功不可沒的抗老勇士，以及對我們身體的益處：

抗老元素	功　能
・類胡蘿蔔素 （CAROTENOIDS）	・減緩老化過程，預防癌症。
・類黃酮 （FLAVONOIDS）	・功能比維他命C強大二十倍；比維他命E強五十倍。有效增進免疫力，還可以對皮膚有益。
・維他命A與β胡蘿蔔素 （VITAMIN A and β-CAROTENE）	・保健視力、使肌膚柔軟有彈性、膚質緊緻。
・維他命C （VITAMIN C）	・是非常重要的抗老元素，可預防傷風感冒、預防皮膚氧化並有保護大腦、眼睛的作用。
・維他命E　（VITAMIN E）	・修護受損皮膚，保護皮膚細胞不受自由基的氧化傷害。
・維他命D　（VITAMIN D）	・幫助骨骼吸收利用鈣質。
・醣質營養素 （GLYCONUTRIENTS）	・可喚醒人體的免疫系統，即使人體處於昏迷不醒、沒有知覺的狀態，也一樣有用。雖然並非是抗氧化物，不過可以整合人體機能幫助延年益壽。
・維他命B群　（B VITAMINS）	・重要抗氧化營養成份。人體要正常運作，不能沒有完整的B群，重要性有如神經系統運作點火的火星塞。

抗老元素	功　能
· 礦物質 （MINERALS）	· 鉀、鎂、鈣、鈉等礦物質，對細胞健康是不可或缺的；體內礦物質不平衡，會讓細胞承受壓力、使人加速老化。現代人的飲食方式存在一個隱憂：就是攝取過多的鈉和鈣，但普缺乏鉀和鎂；這表示一般人的電解質平衡有問題，一旦最基本的健康都有問題，更罔論什麼抗老化。95%的人嚴重缺乏鉀；75%的人嚴重缺乏鎂。以上四種礦物質都均衡攝取，我們的心臟、骨骼和荷爾蒙才能健康運作。
· 矽與硫 （SILICA and SULPHUR）	· 幫助膠原細胞再生，防止皮膚鬆弛和皺紋產生。
· 鋅與硒 （ZINC and SELENIUM）	· 強化免疫系統。也是組成超氧歧化酶（suproxide dismutase，SOD）和谷胱甘鈦（Glutathione）的要素之一；這兩個幾乎無法讀出的字，是保護我們人體不受毒素和自由基傷害的重要成份。
· 碘（IODINE）	· 支援甲狀腺和人體新陳代謝運作無虞的重要營養成份。
· 鉻（CHROMIUM）	· 幫助血糖穩定。
· 鐵（IRON）	· 製造健康的血液細胞並在身體異常時能保護基因。
· 纖維素（FIBRE）	· 沒有纖維素便無法正常消化，肌膚也隨之老化。
· 本質脂肪 （ESSENTIAL FATS）	· 以Omega-3和Omega-6的形式存在。在我們的日常飲食中其實已經多少有攝取Omega-6，但是除非你一週吃四次富含油脂的魚類，大部份的人都還是缺乏Omega-3的多元不飽和脂肪酸。我們人體對這種養份的需求甚大，每個細胞都需要、用以來增進器官功能，尤其是大腦、心臟、皮膚、關節等，可減少發炎狀況、增進消化、促進新陳代謝、減少沮喪、製造荷爾蒙。

我總是建議各位：無論在何處，盡可能購買新鮮又純淨的蔬菜、水果，將有機栽植的產品放進你的購物籃之前，看一下標籤、特別要留意產地和製造日期。最好吃你居住地不遠的農家所售出的商品，也最好吃當季的應時產物。我完全不能理解吃那些遠自紐西蘭運送來的有機蘋果、或是西班牙的草莓之類的事：這些在運送途中三、四天就會腐壞的產品，其實在你我周邊就有不少在地產的可替換。花越長的路線運送的蔬果，吃下肚時所能吸收的營養也越少。不管打果汁或燉煮，永遠選擇新鮮、不含化學農藥殘留的產品，以避免以下情形——打一杯非生機胡蘿蔔汁，喝下濃縮的礦物質和維他命，還有百分百的化學農藥殘留物。

為了你的健康和長久的荷包著想，有個折衷辦法是：越來越多人倚靠自營農家的宅配生鮮蔬果業務，你可以選擇在自家範圍不超過30公里的距離向最為靠近的自營農家訂購。就算這些農家是處在城市中，你也可以吃到合於水土的新鮮產品；再說去掉中盤商的剝削，你還是可以買到價格合理的東西。（編按：有機蔬菜認證，目前尚無標準檢測流程，消費者無法分辨是否為有機的情形之下，減少食品添加物，可視為實踐健康飲食的第一步。）

●今天吃蔬菜了嗎？

蔬菜的字眼來自拉丁文的字義：生存並賦予生命。這也是為什麼我們要大量吃蔬菜的原因。

蔬菜富含抵抗病毒和增進免疫系統的維他命和礦物質，像維他命A、C、葉酸、β－胡蘿蔔素、硒等。蔬果所含養份越多，外觀呈現的色

澤越是翠綠。十字花科蔬菜（Cruciferous Vegetables），諸如綠花椰菜、白菜、芥藍、芥末、辣木（Horseradish）、白花椰菜等等，都已經被證實含抗癌成份A1TC（ally1-isothiocyanate），和幫助強化肝臟排毒功能的硫化葡萄糖（glucosinolate）。但是假使你本身有甲狀腺機能低下症，就不該大量食用這些蔬菜。好好讓醫生診斷一下，要吃進多少蔬菜數量，才會導致嚴重的代謝緩慢問題；根據專家學者的說法，瑞典蕪青（swede）和油菜也可能有干擾甲狀腺分泌的成份。

對於所有芽菜在這邊來個總覽：我對各式各樣的芽菜一向討厭，特別是苜蓿芽這類的。不過最近開始慢慢愛上它，在製作生菜沙拉時也會盡量多少加一點。因為豐富的營養和易於消化吸收的特性，這些都是抗老飲食的首選。苜蓿芽之蛋白質含量高於豆類，它含有鈣、磷、鐵、鈉、鉀、鎂等礦物質及維他命A、B1、B2、B6、B12、C、E、K和多種氨基酸及酵素。營養豐富熱量低、清爽可口，我們在吃下這些芽菜的同時，也吃下那些密密麻麻的生機，如果你要年輕新生的細胞，那就乖乖的多吃芽菜吧！

蔬菜屬於低脂食物，其中八成是水份，含有均衡的碳水化合物和蛋白質、四倍以上的鉀、鎂和鈣、鈉，以及對腸道有益的大量纖維素，可確保細胞健康，因此要多吃養生蔬菜。

本章節最後，有張抗老蔬菜的清單，供各位參考並列入日常飲食的菜單裡。我的推薦品：有水芹、菠菜等。番茄、青椒、酪梨等都也算蔬菜，在蔬菜類的貨架上都可以找到。（編按：在此為酪梨英國當地分類，台灣多半分為水果類。）

此外，水果可以算是大自然最珍貴的寶物，自然、健康、多汁，而且跟人類一樣都是水份組成的。水果為了繁衍下一代，很聰明的將種子內含在果肉中，以便被吃食者消化後排出，繼續生長茁壯，這也使得水果本身更加營養完備。所有的水果本身都有助於抗老化，對人體的好處說不盡：含有七到九成的水份、四到五成半的健康糖份，不但低脂肪、高纖維素，還富含抗老化的維他命A、C、B、E等及鈣、鉀、鎂等礦物質，並且可以當成賴以為生的食物。諸多好處，您一定要多吃水果。

但是部份水果不易消化，或是造成過敏、血糖不穩等問題。所以不要過量食用，一天頂多五份。水果乾是維他命和礦物質的絕佳來源，但是糖份通常也高的離譜；吃太多會讓體重急速飆高，造成蛀牙、腹瀉和胃脹氣。必須節制的吃，一天兩三片就夠了。盡可能購買有機水果乾。

○抗老魚類

根據抗老專家的說法，如果要有緊實富彈性的臉蛋與身體，必須經常補充品質優良的動物性蛋白質，而油脂豐富的魚類是首選。蛋白質中含細胞修護不可缺少的氨基酸，最好是天天吃魚。

儘管「國際純素協會」（Vegan society）或「全生飲食協會」（Raw foodist society）可能會持完全不同的意見，但是各位可以多參考各方意見來

心臟病患多吃魚類

心臟病患一週吃三次油脂豐富的魚類，可使復發的機率減半。

作決定。至少我們不能否認：缺乏動物或是魚肉蛋白質，我們的老化速度可能會更快。

皮膚科醫生尼可拉斯・皮瑞貢（Nicholas Perricone）博士表示，當病患開始食用豐富優質蛋白質的魚類如鮭魚，一天五份左右，他們的皮膚很快獲得拉提和緊縮的效果。魚肉蛋白質毫無疑問要比紅肉來的容易消化，而且所含營養也更充足。

如果你無論如何不能接受魚的腥味，那麼一天兩顆一千毫克份量的魚油膠囊，一樣可以涵蓋部份營養；而素食的朋友也可以從種類繁多的植物種子和堅果裡，找到含有Omega-3的成份可供食用。

魚油含有維他命A可保護眼睛、Omega-3可健全心臟、關節和大腦，還有鋅（Zinc）可增進免疫系統。此外DMAE可豐潤膚質。核苷酸（Nucleotides）可幫助產生健康無缺陷的基因。

如果有預算考量，最便宜最好的油脂豐富的魚類是來自阿拉斯加海域的罐裝鮭魚——生長自地球最冷、最清澈的無毒水域。罐裝沙丁魚和鮪魚也不錯，連骨頭一起吃的話營養更多。

有殼的海鮮類也蘊含豐富養份，像蛋白質、鋅、銅等；不過相對來說，因為這些海底生物靠岸生長的習性，體內也難免有污水的砷和汞等毒素殘留，所以適量食用還是重點。

●健康的肉食

只要你肯定量規律進食，並且沒有消化或其他健康問題考量，肉食並非完全被排除在養生飲食之外。油脂豐富的魚肉對我們的皮膚和心

臟、關節、大腦等有助益，一些肉類一樣有這些營養。尤其在特定幾種肉類發現的二胜肽物質（Carnosine）為油溶性的自由基清除者，可以撫平細紋和減緩老化肌膚形成；我們可以在羔羊肉、家禽肉和部份野生動物的肉中找到。

換句話說，如果你每週只吃一頓肉，搭配兩份蔬菜；沒有疾病纏身，也不打算靠吃魚肉或牛肉來交換健康關節，那麼可以調整成正常肉食和一天六份蔬菜，並且從建議清單中選擇健康的肉食。重點是選擇有機、自由放養（free-range）之環境成長的、吃牧草長大的、高規格對待長成的動物肉類。

野生動物的肉其鐵質含量比其他肉類都高得多，對我們的肝臟好處很多。而雞肉和火雞肉所含脂肪比其他肉類少，而且易於消化吸收。動物的內臟如肝、腎含有豐富的維他命如B5、B12、DHA和礦物質，還有Omega-3不飽和脂肪酸等，對甲狀腺幫助甚大。而羔羊肉是少數不會引起過敏的肉類，營養程度易於吸收是其他紅肉所比不上的。這些肉類你都可以選擇購買。

◉豐富的蛋白質

除了魚肉蔬果外，蛋奶豆類也是飲食中不可或缺的。蛋的蛋白質含量最豐富。豆類含有抗癌的複合物及天然黃體素，營養高且熱量低，可說是素食者的肉類；尤其黃豆中的大豆異黃酮可改善更年期症狀、降低乳癌及子宮癌罹患率、降低心血管疾病以及抗氧化等功能。而豐富營養和少量飽和脂肪的各式乳製品更適合素食者和熱愛乳酪的人。

強力雞蛋

蛋含有人體神經、肌肉等系統一日所需養份的一半，可以算是單一來源的蛋白質提供量最豐富的。蛋的組成一大半是蛋白質，剩下的是脂肪，三分之二是不飽和脂肪酸的成份。蛋含豐富卵磷脂，可以幫助降低膽固醇；單吃蛋白並不會讓你的膽固醇升高，只有在和飽和脂肪酸化合時才會。舉例來說：煎蛋三明治對你的動脈可沒半點好處！

雞蛋有種氨基酸成份，稱為NAC（N-Acetyl-Cysteine），可以幫助我們肝臟排毒。除非你本身膽固醇過高，也被警告一週不要吃超過兩個蛋；你大可以好好的吃蛋，只是不要油煎即可。無論是整顆水煮，打成漂浮蛋或炒碎蛋，雞蛋都是我們早餐的好伴侶，讓我們一整天的精力有了完整的補充來源。

營養豆類

不像麥子，我們已經吃豆超過一萬年以上的歷史了。菜豆、豌豆、扁豆等含有抗癌的複合物，還有天然黃體素，低熱量、高營養，不愧是素食者的肉類。

吃豆子的好處多多：低熱量、高蛋白質、高纖維素、高抗癌複合物、高葉酸、鈣、鉀、鎂等礦物質含量豐富、能減少高半胱胺酸（Homocysteine）進而減低動脈硬化和罹患心血管疾病的機率、含有皂素可以降低膽固醇，和提升抗氧化的能力。

雖說豆子是豐富蛋白質的來源，但由於不含完整八種必須氨基酸，所以必須和穀類搭配食用，使得營養更加完整。譬如鷹嘴豆芝麻醬搭配糙

米，或是烤豆和土司麵包這樣的菜單組合都是例子。吃豆子比較討厭的是容易放屁，而泡過水或是煮熟罐裝的豆子，都能讓你省事又不擔心洩氣。

　　黃豆的成份有皂素（saponin）、氨基酸、礦物質和大豆異黃酮（isoflavone，具有抗真菌、抗菌、抗氧化及干擾腫瘤細胞生長等功能）等等。根據臨床研究顯示，大豆異黃酮具有多重的健康益處，包括改善更年期症狀、改善更年期骨質疏鬆、降低乳癌及子宮癌罹患率、降低心血管疾病以及抗氧化等功能。但是也有證據表示，大量食用黃豆對得乳癌的機率增高有威脅，因為這種天然植物性荷爾蒙和其他代謝物質會干擾內分泌，甚至導致不孕、內分泌不正常、幼童發育早熟等。

　　是否將大豆列入你的抗老飲食，由你作主。你也可以嘗試發酵的大豆製品如味噌、醬油或是天貝（Tempeh，是白色餅狀由大豆經醱酵而成。原產於印尼，可用各種不同烹飪法而加以調理）。特別是味噌，含有一種特殊的生物鹼成份，可以幫助身體順利排毒和排便。如果你對吃進太多植物性雌激素有顧慮，可以考慮多吃種子類作為替代。

乳製品

　　對眾多的素食者和熱愛乳酪的人而言，這一節毫無疑問講的正是該如何選擇乳酪和理由。我們的選擇基於抗老養生，豐富營養和少量飽和脂肪的各式乳製品才是我們要的。

　　人生少了乳酪會有多乏味！我在這邊選的是比一般查德乳酪的脂肪低，但滋味濃郁可以滿足那些乳酪愛好者。乳酪雖然美味高鈣，但是過多的鹽分還是要酌量為宜；你有更多、更好的鈣質來源。

　　使用一點起士粉或是刨絲加在沙拉等餐點裡，都是味蕾的極佳享

自製杏仁牛奶

材料：

★ 一杯半的生杏仁，在水中浸泡一天

★ 四杯濾過水或泉水

★ 三到五顆棗子

做法：

將杏仁和水一起放入果汁機攪打三分鐘，如果你喜歡多點甜味可加入幾顆棗子，之後再充分拌勻液體，這樣你就做成一杯濃稠、不含人工甘味劑、乳製品和蔬菜油等的天然奶狀飲料。在冰箱冷藏可以儲存三到四天。

（編按：此處杏仁指供食用的甜杏，而非藥用的苦杏，食用苦杏必須完全煮熟。）

受。如果你是個肉食主義者，那麼持續吃乳酪會讓你吸收更完整的動物性蛋白質。

很多蔬果我都建議購買有幾栽種的，但對於乳酪和優格，你倒不必那麼費心去找貼有機飼養這樣的標籤；畢竟比起牛奶這樣直接來自餵食荷爾蒙和注射抗生素等的牛隻體內來說，要好得多。一般來說，飽和脂肪又低，對我們的心臟而言非常健康。

杏仁牛奶對你和你的家人而言，都是健康飲品的好選擇，不但香甜濃郁，而且鈣質豐富。九顆杏仁就可以達到一個成人一天所需的鈣質含量，而你在家裡輕鬆就可以達到這樣的目標，你需要的只是倒入水和加入杏仁而已。上面的表格中有教你如何在家自製好喝的杏仁牛奶，有空不妨試試。

◎特選五穀雜糧

　　我們常吃的白米其實營養價值最低，胚牙米或糙米才保存了最完整的稻米營養；而發芽過後的穀類會轉變為鹼性，能提供大量纖維和維他命。堅果則是大自然的優良抗老產物，含有豐富的Omega-3、Omega-6、維他命E、蛋白質、維生素和礦物質等。種子是抗老延壽不可少的，植物將大部份的本質脂肪儲存在種子裡，因為這是存放能源最好的方式。

● 小麥

　　如果你確定可接受全麥類的飲食，那麼記得在菜單中加入粗麥片（bulgar wheat）和粗磨小麥粒（cracked wheat）；當然還有全麥麵包和麵條等等。不過對大部份的人而言，全麥飲食是有點難以接受，這邊有其他更多的候補選擇供大家參考，除了兼顧口味之外，還有更容易消化、更多蛋白質和營養等等優點。最棒的無疑就是那些會發芽的穀類，因為發芽過後的穀類會轉變為鹼性，並且能夠提供大量的纖維和維他命。黑麥是酸度最高的一種穀類，昆諾亞（Quinoa）則是鹼性最強。昆諾亞是一種生長於安地斯山脈的高山植物，營養價值高且耐乾旱。長久以來是南美洲人重要蛋白質來源，也是古代印加人的重要糧食，被譽為「穀物之母」；高礦物質和維生素，但澱粉含量低。

　　本章後面我所列出的穀類選購清單，大部分都是高蛋白質和營養豐富，也易於消化吸收。和豆類搭配食用會是蛋白質更加完整的一餐。

● 堅果與種子

堅果的種類有三百多種，大部份都是生機食物，因為這些都是來自開花結果的植物種子。這些大自然的優良抗老產物含有豐富的Omega-3及Omega-6、維他命E、蛋白質、維生素和礦物質等。

近年來的研究調查顯示：脂肪分解酵素（Lipase）算是重要酵素之一，幫助脂肪分解而非儲存在人體內。這種酵素在生機食物如種子和堅果類的油脂中都可以發現，特別是經過浸水後的酵素釋放更為徹底。部份稍後提及的種子都富含Omega-3/6，那是我們身體細胞運作必需物之一，包括新陳代謝。換言之，如果要減輕體重，便不能沒有Omega-3、Omega-6。

種子一般都是不易消化的，所以浸水二到十二小時會讓這情況改善很多；研磨成粉也是個好辦法。這些種子的珍貴油脂通常易於酸化，所以記得放在真空容器或是放在冰箱、陰暗處保存。

花生算不上是真的堅果，其實花生是一種豆類。雖說高蛋白質，但本質酸性、不易消化，為了增加風味，通常會加許多鹽。而花生醬加了很多氫化油、鹽和糖等，也根本算不上是健康的一種抹醬。試試看杏仁醬吧！完全天然，更營養也更抗老，而且一樣好吃！腰果只含難以消化的低級油脂，完全不應列入考慮。

講到抗老延壽，種子是少不了的。植物將大部分的本質脂肪儲存在種子裡，因為這是存放能源最好的方式——能源是直接轉換自燦爛的陽光。所以這些具備蓬勃生機和陽光朝氣的種子，正是我們要健康長壽一定要吃的食物。

種子含有高量的必需脂肪酸、植物性蛋白質、維他命和礦物質，還可以保持血糖穩定；而且吃法多變，可以生食、炒熟、磨粉，甚至於發芽再吃。

亞麻子（Flaxseeds 或 linseeds），含有植物性雌激素，是熟知使用荷爾蒙補充療法 HRT 的更年期婦女的天然補品；自然植物的化學作用會溫和降低荷爾蒙對人體的作用。浸水後再吃，這是我試過治療便秘最有效的食物。對於種子，如果你只想買一種，那就要買亞麻子。

所有種類的種子泡水過夜之後，會因為酵素和脂肪酸被釋出而更容易消化。另外在許多超市或是健康食品店，都販售可讓你直接大快朵頤的綜合果仁。這些種子含有讓你延年益壽和回春駐顏的油脂。

菌菇、香草、海菜

養生真菌以香菇為首，含能抗癌及蕈菇多醣體等多種優質營養，可以產生免疫力。各式香草栽種容易，且富含抗氧化物，還有上千年來都用來幫助人體排毒保健的多酚類。海菜是所有我們用來抗老延壽的食物中所含礦物質最充足的。

超級真菌

這邊講的養生真菌當然以香菇為首，特別是日本生產的：含能抗癌，及抵銷氧化自然基的蕈菇多醣體（Beta-Glucan）等多種優質營養，可以讓人體產生抵禦病原體的免疫力。只是功效要花一點時間運作，從

一個月到六週不等。部份蕈類的高藥效已經被日本人視爲正規藥材的一種，因爲種種證明免疫系統的T細胞的確有顯著增加。

購買有機栽種的香菇，不過記得要煮熟了吃，因爲煮過的菇類口感和營養都會比生食來得好。經過烹調的菇類，多種營養素會釋出，易於被人體吸收。被晒乾的香菇比起新鮮的要營養、口味濃縮，特別是如果這些新鮮菇類不是本地產的。

> ### 自製松茸茶
>
> 把你所選定的幾種乾燥菇類放在鍋子裡加水煮滾，用小火悶煮一會兒，直到菇類都被煮透爛熟爲止。只喝下飽含氨基酸和維生素、礦物質的清湯。

● 香草和辛香料

動物在身體不適的時候，會倚賴本能去尋覓能有治療功效的藥草吃；我們也習慣於仰賴藥草植物來治療病痛和烹調食物。感謝校園主廚傑米・奧利佛（Jamie Oliver，探索頻道美食節目主持人），我們現在又有機會重新溫習一次這些草藥植物（或稱香草）。

香草植物大多可隨意栽種生長，無論你家有庭園與否；超級市場也越來越容易買到新鮮又方便使用的香草。當我搬到公寓大樓時，我第一件事就是在舊庭園拿了許多盆香草植物，擱在現在的陽台門前。現在我整年都有新鮮的香草，可以隨時加入餐點中，讓我的生活增加更多滋味和情趣。

香料對長壽一事特別重要，因爲富含抗氧化物，還有上千年來都用

來幫助人體排毒保健的多酚類（Polyphenol）的特性，這多種營養素在迷迭香（rosemary）和薑黃（turmeric）都可以發現。關於薑黃還有不少進一步的研究報告，以下我另外說明。

薑黃

薑黃屬薑科多年生草本植物的乾燥根狀莖，常當作調味劑及著色料，用於咖哩粉及調製芥茉粉；為抗老藥草之首。本身機能性相當廣泛，可降低血膽固醇、抗病毒，有利於肝膽，還可以有效預防老年痴呆症。我們有更多理由去點咖哩餐來吃，特別是沒空自己磨薑黃粉的人！

好鹽

雖說前文對鹽的評語不佳，但還是有不少種類的好鹽，連那些痛恨超市商品的自然療法老師也推薦的。鈉是人體電解質平衡的重要質素，還有想想精液細胞含有99%的水和1%的鈉，鹽還是可以食用的，只是要吃對種類。天然海鹽含鈉量低，所含來自海洋的天然均衡礦物質豐富，可使人體恢復活力。由於未經精製，所以通常是帶灰色還有點潮濕的。營養醫學專家夏敏‧達雅博士（Shamim Daya）說：這樣的鹽可以放心食用，因為是完全的天然產品，有豐富的礦物質和對人體有益的維生素。

另外一種值得一試的鹽，是來自喜瑪拉雅高山的粉紅色結晶岩鹽，含有八種必須礦物質。由於是結晶的形式，所以所有對人體有益的微量元素都被鎖在鹽晶內，以極小分子滲透細胞幫助代謝。其實還有更多無害的好鹽，但族繁不及備載，我能提出的大原則就是未經精製的、未經漂白、顆粒組織不一的種類。

● 不老的海菜

　　海菜是所有我們用來抗老延壽的食物中所含礦物質最充足的。根據《健康的生機飲食》（*Living Food for Health*）一書的作者吉立恩・麥克斯（Gillian McKeith）說道，海菜裡所含的十二種主要礦物質量，在其他植物種類是找不到的：包括鉀、鎂、鈣和鐵等。還包括豐富的碘質對甲狀腺有益，還有氯和錳等等。

　　作者書中解釋，海菜的蛋白質比肉或魚類都更容易為人體所吸收；加上鹼性的海菜會幫助調節人體酸鹼性，而酸性體質正是老化和病痛的大敵。在岸邊生長的海藻吸收到七成的地球氧氣和陽光，但種類眾多的藻類中，可供食用的種類只有十餘種。無論是新鮮或乾燥的海菜，都很方便在網路或是有機商店購買。你也可以去海邊或是漁市直接購買。

　　但願你現在已經在每週的採購清單中加入不少抗老化的有機食物了，有幾樣不可少的包括最重要的油脂豐富的魚類，以及種子、堅果裡的本質脂肪。如果你吃素或是對魚不感興趣，那也要聰明的使用植物裡如堅果和種子的營養成份，讓自己在飲食中多少增加一些必須氨基酸。

○各類抗老養生食材建議

● 蔬菜類（按英文字母順序排列）

苜蓿芽（Alfalfa sprouts）	所有抗老蔬菜第一名。
朝鮮薊（Artichoke）	排除毒素、清潔血液皮膚，可以幫助安定血糖。
蘆筍（Asparagus）	高蛋白質，天然利尿劑。
茄子（Aubergine）	所含的花青素是良好的抗氧化劑。
酪梨（Avocado）	我最喜歡的水果之一，營養豐富卻不會發胖，是最佳抗老水果之一。
豆芽菜（Bean sprouts）	有生命的蔬菜，充滿生機和能量 。
甜菜根（Beetroot）	促進肝臟機能，增強膀胱和腸道運作。
綠花椰菜（Broccoli）	含幫助強化肝臟排毒功能的硫化葡萄糖。
甘藍菜（Brussels Sprouts）	促進排毒。
捲心菜（Cabbage）	幫助免疫系統運作正常。
紅蘿蔔（Carrots）	一根紅蘿蔔含有七種不同的抗癌物質，一日所需

的 β－胡蘿蔔素。含抗紫外線及幅射線功能的成份和護肝的營養，高維他命C與其他排毒成份。

白花椰菜（Cauliflower）	十字花科的一員，具有解毒的功能和高含量的維他命C。
西洋芹（Celery）	高含量的天然鈉，是自然的利尿劑。
菊苣（Chicory）	強化肝臟機能。
玉米（Corn）	高維他命C。
密生西葫蘆瓜（Courgettes）	葉酸、高維他命C、A和鉀。
小黃瓜（Cucumber）	含利於頭髮和指甲生長的硫和矽。
蒲公英葉（Dandelion leaves）	富含抗老化的礦物質。
綠葉萵苣（Dark green lettuce）	含主要的養生維生素。
蒔蘿（Dill）	蒔蘿子常用於製作醃菜，是長壽食品。
苦苣（Endive）	含鉀和鐵等礦物質。
茴香（Fennel）	排除毒素、刺激活絡肝臟和消化系統；並含雌激素和類雌激素成份。
青豆（Green beans）	含維他命K，是建全骨架和凝血不可缺少的要素。
芥藍菜（Kale）	含幫助強化肝臟排毒功能的硫化葡萄糖。
韭菜（Leeks）	含幫助強化肝臟排毒功能的硫化葡萄糖。

萵苣（Lettuce）	含提拉皮膚的矽。
香菇（Mushrooms）	請看「超級真菌」介紹，香菇無疑是抗老的超級食物。
冬菜（Mustard greens）	除了硫化葡萄糖，還有維他命A、C、E。
蕁麻（Nettles）	高鐵質和其他維生素及礦物質。
橄欖（Olive）	高維他命E，是年輕肌膚必須品。
洋蔥（Onion）	含幫助肝臟排毒功能的硫化葡萄糖，紅洋蔥是最好的抗氧化食物。
荷蘭芹（Parsley）	高鐵質和腎上腺的補給品。
防風（Parsnips）	β－胡蘿蔔素很多，外觀越黃含量越多。
豆子（Peas）	高半乳糖，像是自由基的清除者。
椒類（Peppers）	不吃未熟透的青椒，紅、黃、橘椒都是β－胡蘿蔔素含量豐富的食物。
小蘿蔔（Radishes）	高維生素和抗癌的多醣體。
菠菜（Spinach）	高葉酸和鐵質。
大蔥（Spring onions）	高鉀、鈣等和維他命A。
南瓜（Squashes）	高維他命A、C，和豐富的鉀。
瑞士甜菜（Swiss chard）	高鎂食物，維他命A、C、K。 （編按：又稱唐萵苣）

蕃薯（Sweet potatoes）	β－胡蘿蔔素很多，特別是深橘色的品種。
番茄（Tomatoes）	高類生物黃鹼素和乳糖等，抗癌的養生蔬菜。
水芹菜（Watercress）	高維他命C和幫助排毒的硫化葡萄糖，對腎上腺的好處非常多。

● 水果類（按英文字母順序排列）

蘋果（Apple）	「天天吃蘋果，醫生遠離我。」含有豐富的鉀、硼和維他命C。
杏桃（Apricot）	鉀質含量高，還有維他命A。
香蕉（Bananas）	鉀質含量高，還有維他命B6。
黑莓（Blackberries）	含大量類生物黃鹼素，還有維他命C。
黑醋栗（Blackcurrants）	含大量類生物黃鹼素，還有維他命C跟鈣質。
藍莓（Blueberries）	抗氧化成份超高，含有五十種以上營養素。
櫻桃（Cherries）	含大量類生物黃鹼素。
椰子（Coconut）	腎上腺素的好幫手。
小紅莓（Cranberries）	高含量維他命C，高含量酚。
葡萄柚（Grapefruit）	粉紅肉的，高含量維他命C，避免頻尿問題，幫助肝臟解毒。
葡萄（Grapes）	高鐵高硒，抗氧化，防老聖品。

芭樂（Guavas）　　　　　高含量維他命C。

奇異果（Kiwis）　　　　　來自遙遠的紐西蘭，不過維他命C超多，還有幫助消化的
　　　　　　　　　　　　　酵素。

檸檬（Lemons）　　　　　大量維他命C，還有讓體質維持鹼性的功能。

萊姆（Lime）　　　　　　維他命C，還有讓體質維持鹼性的功能。

芒果（Mango）　　　　　內臟毒素的清道夫，還有大量對消化系統有益處的酵素。

香瓜（Melons）　　　　　大量的鎂和維他命A。

油桃（Nectarines）　　　　利尿、清理腸胃，易於消化。

橘子（Oranges）　　　　　維他命C、硒等成份，幫助肝臟排毒。

木瓜（Papaya）　　　　　可清理內臟毒素，含消化酵素、維他命A、C和鉀。

水蜜桃（Peaches）　　　　利尿、可清理腸胃的水果，易於消化。

梨（Pears）　　　　　　　少數不易引起過敏的水果，高含量的鉻和少量的硼。

鳳梨（Pineapple）　　　　內臟毒素的清道夫，大量對消化系統有益處的鳳梨酵素。

石榴（Pomegranates）　　　含豐富雌激素。

草莓（Strawberries）　　　豐富維他命C，比橘子多很多。

柳丁（Tangerines）　　　　含維他命C和鋅可幫助肝臟排毒。

西瓜（Watermelon）　　　天然的利尿劑和清潔劑。

● 水果乾

杏桃乾（Apricots）　　　含鉀量極高。

藍莓乾（Blueberries）　　豐富抗氧化物。

小紅莓乾（Canberries）　豐富抗氧化物。

無花果乾（Figs）　　　　比任何水果所含的鈣質都多。

葡萄乾（Raisins）　　　　鐵質和鉀的含量都很豐富。

● 鮮魚類

鮭魚（Salmon）

青花魚或稱鯖魚（Mackerel）

海產鮪魚（Albacore Tuna）

藍鰭鮪魚（Blue fin tuna）

沙丁魚（Sardines）

鯡魚（Herring）

鯷魚（Anchovies）

鱒魚（Trout）

大比目魚（Atlantic Halibut）

黃鰭鮪魚（Yellow fin tuna）

● 肉品類

雉、松雞、鹿、兔子、野豬、野牛等

雞、火雞等家禽

山羊肉、羔羊肉

● 乳製品

奶油（Butter）
羊或是牛油製的，都比人造奶油如乳瑪琳來的健康自然。雖屬於飽和脂肪，但本質是自然產物，還是易於消化吸收。控制食用量是重點。

卡特基乳酪（Cottage Cheese）
以脫脂牛奶製成的乳酪，維生素和礦物質不是那麼高，但在可接受的範圍內。

庫克乳酪（Quark Cheese）
熱量特低的一種乳酪，口味清淡但蛋白質含量豐富。

素食乳酪（Vegtarian Cheese）
用少量的牛奶製成，就算只有一點天然成份，也好過超級市場一天到晚都在特價的假乳酪片。

優格（Yogurt）
高鈣食物，酵素在製程中幾乎都分解了，所以比牛奶本身更容易消化吸收。要確認活菌數夠、無糖等條件再購買，這樣的優格吃了才能達到保健功效。

山羊乳酪（Goat's Cheese）	範圍廣泛，自軟到硬都可，是乳糖不耐症患者的好伙伴。許多人發現改吃羊奶或羊奶乳酪後，他們原本消化不良和腹瀉等毛病都改善很多。
莫札瑞拉乳酪 （Buffalo Mozzarella）	莫札瑞拉乳酪可以是一般牛奶或水牛奶製成的，既然我們要講養生和低熱量，當然是水牛奶製成的莫札瑞拉乳酪為首選囉！
非巴氏消毒法製作的乳酪 （Unpasteurized cow's cheese）	易於消化、營養多元，特別是豐富的鈣質，比起加工過的乳酪要更優質；巴氏加熱程序會殺掉不少益菌和養份。孕婦或是有特殊疾病的患者要特別注意。
羊奶（Goat's milk）	羊奶溫補，對老弱婦孺特別合適。
米漿（Rice milk）	仔細看盒裝背後的說明，許多廠牌都含有多元未飽和蔬菜油，可能造成人體的本質脂肪不均衡；部份會含蔗糖等甜味劑。

● 穀 類

會發芽的穀類 （Sprouted grains）	穀類發芽和醱酵會產生麥芽糖，易消化的麥芽糖大都存在於啤酒及含麥芽的早餐穀類食品中。一般對小麥會過敏的人，對這樣形式的麥粉大都可以接受。成份有高維他命B、鉀、鎂、鐵、鋅、磷和硒等。

昆諾亞（Quinoa）　　　　生長於安地斯山脈的高山植物，營養價值高且耐乾旱。長久以來被南美洲人食用以攝取蛋白質等要素，是古代印加人的重要糧食，被譽為「穀物之母」；高礦物質和維生素，但澱粉含量低。

野莧（Amaranth）　　　　與其說是穀類不如說是菜類；降膽固醇，含有豐富維他命C、糖類、氨基酸、鉀鹽、有基酸等元素；不含麩質，比小麥多三倍纖維素和五倍鐵質，比牛奶多兩倍鈣質。含離氨酸（Lysine）和蛋氨酸（Methionine）這兩種在穀類不易發現的護肝氨基酸。熟食有九成可供人體消化吸收，對於排毒或慢性疾病復元都有相當功效。

小米（Millet）　　　　　溫和、鹼性不含麩質黏性的穀類；高鉀、鎂和鐵質等，但低澱粉，易消化吸收。含九種必須氨基酸。

蕎麥（Buckwheat）　　　屬於蓼科一年期生作物，蕎麥含蛋白質7~13%，高於白米和白麵；含脂肪3%，共有九種脂肪酸。

米（Rice）　　　　　　　胚牙米或糙米都是保存了最完整的稻米營養，蛋白質、脂質、纖維及維生素B1等含量均比白米高，胚芽米的特性則介於糙米與白米之間。稻穀中的油脂（胚芽油）可以保養內臟，纖維素除了能使通便順暢，調整腸道菌叢生態，也很容易讓人有飽足感。

大麥（Barley）　　　　　低麩質，高鉀、鎂和鐵質等。

斯佩爾特小麥（Spelt）	不會與小麥和燕麥搞混，是屬於另外一種穀類家族的種類；含麩質但易於消化吸收。做成麵包滋味可口，一樣容易消化；高纖維素和維他命B，蛋白質含量比起其他穀類高一到兩成。
玉米（Corn or maize）	高礦物質和高維他命A、C，事實上美洲人飲食的維他命C大部份來自新鮮玉米。對小麥過敏的人吃玉米大都沒問題。營養豐富的玉米粥（Polenta）是馬鈴薯和披薩最佳的替代品。
燕麥（Oats）	一天的開始來碗燕麥粥，對你的心臟健康和延長壽命有絕對的幫助。燕麥粥對穩定我們的血糖和給予一天的飽足感都是沒問題的。
黑麥（Rye）	麩質含量低，做成的麵包非常紮實沉重。高鉀、鎂和鐵質等，酸質高的穀類，轉換成醣類的速度非常緩慢。在市面上的麵包店很容易買到粗糙的黑麥麵包，營養價值高。

● 堅果類

胡桃（Walnut）	外觀有點像大腦，成份中含大量對人體大腦有益處的Omega-3多元不飽和脂肪酸。
榛果（Hazelnuts）	高維他命E，和對肌膚緊實身體健康的Omega-3多元不飽和脂肪酸。

美洲薄殼胡桃（Pecans）	高Omega-3多元不飽和脂肪酸、抗氧化物等營養成份，是強化免疫系統的礦物質鋅的最好植物來源。
杏仁（Almonds）	低脂高鈣，營養完整的堅果。
巴西胡桃（Brazil nuts）	比杏仁熱量高，但富含健全甲狀腺和增強免疫的硒。
松果（Pine nuts）	高纖維素和植物蛋白質。

● 種子類

亞麻子（Flaxseeds）	是我對種子類的首選，因為富含對心臟健康大有幫助的Omega-3多元不飽和脂肪酸，同時對關節和皮膚保健也好。
南瓜子（Pumpkin seeds）	高鋅、鐵、鈣、磷和菸鹼酸，對男性來說也有預防前列腺毛病的功效。
葵花子（Sunflower seeds）	高含量的鉀，還有其他許多抗老化的礦物質、維生素，比起其他種子來說含鎂較低，不過高維他命D、E。有效改善血壓和心血管疾病，還有過敏的問題。
大麻子（Hemp seeds）	高蛋白質，含二十種以上脂肪酸，包括人體無法製造的種類。Omega-6多於Omega-3，不過是完美的均衡狀態。

| 芝麻子（Sesame seeds） | 和穀類共食的完美種子，因爲含有大量穀類缺乏的脂肪酸。高鈣和鋅，只要一湯匙的量就含有比一杯牛奶更多的鈣質。 |
| 罌粟子（Poppy seeds） | 高Omega-6，豐富的鈣和鉀含量。 |

● 菌菇類

椎茸（Shiitake）	或稱冬菇，增強免疫力，抗拒毒素生成，幫忙紓緩慢性的疲乏。
冬蟲夏草（Cordyceps）	本品爲麥角菌科植物冬蟲夏草菌，滋補內臟，降膽固醇。
舞茸菇（Maitake）	減肥降血脂，增強免疫力。
靈芝（Reishi）	治失眠，增加免疫力並有延年益壽的功效。
杏鮑菇（Oyster mushroom）	可吸附油脂、增加人體免疫力。

● 香草與辛香料

辣椒（Cayenne）	防止發炎的天然良藥。
薑（Ginger）	使身體溫熱，預防發炎、幫助消化和肝臟排毒，預防旅遊中水土不服。
葛縷子（Caraway seeds）	對消化不良和經期不適有療效。

紅番椒（Chilli）	可幫助排毒，是天然的解充血藥，維他命C豐富。
黑胡椒（Black pepper）	促進消化酵素分泌。
肉桂（Cinnamon）	紓緩胃痛、感冒傷風症狀，一天一小茶匙可以幫助降膽固醇。已被證實比正統降血脂的藥物施德丁（statins）更有效。
蕁蔴（Nettles）	高鈣、鎂、錳和鐵等，選擇新生植物購買，用來泡茶或是煮湯。
牛奶薊（Milk Thistle）	清理肝臟，強化排毒功能。
紫草科植物（Comfrey）	外用可醫治風濕病、關節痠痛、肌肉和韌帶痠痛。
蘆薈（Alov vera）	自肥厚葉片取得的汁液，可以療養曬後肌膚和皮膚問題；內服對促進消化很有效。
胡荽（Coriander）	對腹絞痛和脹氣有抑制的功效。
茴香（Fennel）	預防水腫，含雌激素和類雌激素的成份。
蒔蘿（Cumin）	天然止瀉劑。
大蒜（Garlic）	天然解毒物。
洋蔥（Onion）	幫助肝臟排毒。

● 海藻類

紫菜（Arame）　　　　　　　富含鉀、鎂、鈣和碘質。

巨藻（Kelp）　　　　　　　一茶匙就有高出一杯牛奶千萬倍的鈣質，碘質也
　　　　　　　　　　　　　　相當豐富。

海帶（Wakami）　　　　　　高鐵，比一杯牛奶高十倍多的鈣質。

海苔（Nori）　　　　　　　比橘子多兩倍的維他命C，跟胡蘿蔔一樣多的 β
　　　　　　　　　　　　　　－胡蘿蔔素，豐富的維生素B群和對骨骼有益的
　　　　　　　　　　　　　　鈣質，對甲狀腺有益的鐵和碘。你可以買來搭配
　　　　　　　　　　　　　　魚乾煮湯，還有來作海苔壽司。

紅海藻（Dulse）　　　　　　比牛奶鈣質多十五倍，還有高於牛肉八倍的鐵
　　　　　　　　　　　　　　質。

第四章

善用好油與脂肪

— 必需脂肪酸可以幫助減重 —

沒有必需脂肪酸促進新陳代謝，
我們根本無法有效減重。
必需脂肪酸可以增強精力、消除疲勞，
讓你的肌膚看起來年輕有彈性。

— 抗老第一名的種子油 —

多食用富含必需脂肪酸的亞麻子油、大麻子油、
南瓜子油、芝麻油、葡萄子油，讓你的身體更健康。

— 又香又營養的堅果油 —

堅果油就像堅果本身，富含抗老化的營養素和
飽和脂肪酸。胡桃、杏仁、榛果等類皆是。

— 優質烹飪油 —

橄欖油和椰子油是廣泛運用在烹飪中的油，
可以降低膽固醇；
而酪梨果油味道溫和充滿果香，可以減低糖尿病。

大家都不喜歡脂肪，減重成為全民運動，想要身材苗條的人無不費盡心思除去身上多餘的油脂。你可知道有些脂肪對人體是重要且必需的，本章帶你一窺對人體有益的脂肪。

● 必需脂肪酸可以幫助減重

現在我們要講到脂肪和病痛與肥胖之間的關係：我的客戶大都在接受我的建議選擇油類後變得瘦了很多，大部份人對脂肪過分誤解，認為所有脂肪是肥胖的罪惡根源，絕大多數人也都不知道，沒有「必需脂肪酸」促進新陳代謝，我們根本無法有效減重。必需脂肪酸（EFA，essential fatty acids）Omega-3與Omega-6可以增強精力、消除疲勞，讓你的肌膚看起來年輕有彈性；一旦開始食用這些油脂，就會忍不住一直吃下去。

所有的脂肪都對人體製造動能和保護體內器官有一定的功效。這裡講的不是在乳酪、培根、肥肉等發現的飽和脂肪酸；我們都知道過份食用這些肥油，最後都是肥在臀腿和累積在動脈，導致心血管疾病。人造合成奶油如乳瑪琳對我們的健康傷害就更大了！本質脂肪是人體細胞膜的主要成份，也是造就我們外觀和皮膚的重要元素。這些脂肪控制細胞進出物質如氧氣、液體、營養和毒素等。

含有Omega-3與Omega-6成份的油脂可以幫忙紓解以上的症狀，讓你即使到暮秋晚年還是看起來臉色紅潤。攝取充足與否結果天差地遠：一個是細緻緊實如日日新生，一個是風乾橘皮與皮革臉。

Omega-3與Omega-6 對人體的益處

1. 促進皮膚和頭髮的健康：EFA是天然的保濕滋潤劑，Omega-3豐富的油脂可以改善皮膚狀態，幫助皮膚保持濕潤健康。

2. 加速新陳代謝：EFA可加速新陳代謝，讓細胞更有效率吸收氧氣，體脂燃燒更快，進而減重。

3. 預防心臟疾病：幫忙降低血壓和膽固醇，預防動脈硬化。

4. 平衡荷爾蒙：特別是亞麻子油，是最安全的天然雌激素來源。

5. 強化骨骼：對於腸胃病和便秘等症狀一旦解決，便能有效吸收利用鈣質。

6. 減低季節性失調：有益的油脂可幫助吸收陽光。

Omega-3缺乏的症狀

- 沮喪
- 荷爾蒙分泌出問題
- 皮膚乾燥
- 指甲脆弱
- 髮色晦暗
- 疲憊
- 陰道乾涸

- 性交疼痛
- 早衰
- 關節炎
- 頻尿
- 季節性情感症
- 低血糖憂鬱症

◎抗老第一名的種子油

　　這個章節談到的油類，因爲非常容易氧化，都該被好好保存在乾燥陰暗的地方。大部份都不可以在烹調時使用，加熱會使得脂肪酸不穩定。除非你去的超級市場貨物齊全，否則你還是得透過郵購、健康食品店、或是特殊的熟食店才買得到。

　　一天一到兩茶匙這類的油脂，就夠人體一天的脂肪酸需求量。你可以加一點在蔬果打成的奶昔或是加一點在熱食中，甚至用來當沙拉醬或是抹在不含小麥的麵包上吃。

亞麻子油（Flaxseed oil）

　　Omega-3含量最豐富的亞麻子油，毫無疑問是抗老油脂採買單名列第一的選擇，它含有部份人體無法自然生成的Omega-6。亞麻子油的味道不難接受，只是不能加熱。我曾找到無味的廠牌（記得要買冷壓兼暗瓶包裝的廠牌），和橄欖油一起加在生菜沙拉裡吃，味道很不錯。

大麻子油（Hempseed oil）

　　雖說來自大麻，但大麻子完全合法又安全。它Omega-6的含量高，在保養心臟和降低膽固醇的功效上與亞麻子油雷同。大麻子油對皮膚問題如濕疹特別有效，我在自己執業的診所成功的治癒過不少這樣的病例。大麻子也是種子裡唯一含對治療經前症候群有效的亞麻脂酸的。

南瓜子油（Pumpkinseed oil）

南瓜子油富含Omega-3與Omega-6成份，還有增強免疫系統的維他命A、E。在提供讓人年輕活化的EFA含量上，毫無疑問的位居排行榜前三名，而且也遠比前兩名更容易購買的到。南瓜子油不能加熱食用，因此可以加在蔬果奶昔飲用或用在沙拉醬汁裡，吃起來都不錯。

芝麻油（Sesame oil）

芝麻油是營養豐富又香味濃郁的一種抗老化油脂，高卵磷脂可以提供腦細胞和神經細胞精力和養份。這油脂來自金黃色的芝麻粒榨成油，味道香醇如堅果。深色的芝麻油不適用於烹飪，因為很容易燒焦；淺色的是來自沒烤過的芝麻，常用來煎炒或是用在調味上。（編按：台灣做月子用的麻油以及做菜用的香油，皆屬於芝麻油。）

葡萄子油（Grapeseed oil）

葡萄子油算是最穩定的一種烹調用油，是葡萄酒生產時的副產品，相當受歐洲主廚的喜愛。眾所周知在清除血管油脂和抗氧化上的功效良好，也是少數可以調升高密度脂蛋白（HDL，high density lipoprotein）數量的天然食物。除此之外，高Omega-6、維他命E，還有類生物黃鹼素都是對抗自由基的優質成份。

葡萄子油可以高溫調理而不起煙不燒焦，也不影響油脂的口味。而且不像其他油脂在調理時會噴濺，這種精純的油類適合煎炒，還有重口味的食材如魚類等。而且用量只要一點點，在經濟層面可以幫你節省不少。

○ 又香又營養的堅果油 ————

堅果油就像堅果本身，富含抗老化的營養素和一點點的飽和脂肪酸。杏仁、榛果、胡桃等等，含大量降低膽固醇的單鏈不飽和脂肪酸（monounsaturated

fatty acid）；胡桃油更含多元不飽和物和Omega-3等保護心臟的成份。其他堅果油如杏仁、榛果等則含讓皮膚充滿彈性的維他命E。

摩洛哥亞根堅果油（Argan oil）

摩洛哥堅果油是我的最愛，通常加在前菜或沙拉上。摩洛哥亞根堅果油來自摩洛哥Argan堅果樹的果實萃取得來，被巴巴里人（Berber）用來抹在新鮮麵包或淋在沙拉上以及淋在溫熱的庫斯庫斯飯上吃（庫斯庫斯飯，原名為couscous，北非、中東阿拉伯人的主食，跟小米很像）。味道醇香宜人，已經被主廚安東尼‧渥爾‧湯姆森（Antony Worrall Thompson，知名的英國主廚）宣佈為本世紀新健康潮流用油。

健康取向的亞根堅果油功效甚多，除了低飽和脂肪酸和高Omega-6等基本要件，還有比橄欖油多兩倍的維他命E；豐富的抗氧化物和稀有的植物固醇，可以防止發炎，還可以成功的治療關節風濕炎、動脈阻塞、降低膽固醇等等；對肝膽也有保健之效。

外用來說，亞根堅果油長久以來被摩洛哥女人用來滋潤肌膚，減輕皮膚症狀，像牛皮癬面皰、還有傷疤等。

這也是屬於不能加熱的油類，但味道超棒，加一點檸檬汁或萊姆汁（不能加醋）更讚，和磨碎的乳酪一起加在生菜沙拉裡也很棒。然而要取得一公升的油需要三十公斤的果實和十小時苦工，所以我通常會配合橄欖油一起使用，好讓這瓶油用的更久。但是請注意要從可靠的來源購買，可靠製造商會在巴巴里人生活環境旁同步工作，避免當地原住民的環境和生活型態受到干擾。

胡桃油（Walnut oil）

堅果油如胡桃和榛果都可以讓麵包、沙拉和主食添加另一番風味。在英國最廣泛使用的胡桃油，除了含Omega-3、高級抗氧化物鞣花酸（Ellagic Acid）等外，還可以幫助抑制癌細胞生長。

胡桃油的果香充分濃縮在油脂裡，和特殊的雪莉酒醋搭配更是一絕。用來烘烤會散發出胡桃果香，但不適合油炸。

其他堅果油類

以下的堅果油售價甚高，而且在英國不容易買到；但建議你有機會為自己的抗老飲食增添風味時，這些選擇都相當不錯。

杏仁油（Almond）：適用嫩煎或油炒，大部份人用來護理肌膚；鈣質含量高。

榛果油（Hazelunt）：與胡桃油一樣，帶有果實濃縮的油香，但因為味道實在太重，只要添加一點香味就足夠；燒烤食物的風味絕佳。高Omega-3。

夏威夷果仁油（Macadamia）：質純溫和的好油，適合魚類和蔬菜。上桌前灑一點更香！

美洲薄殼胡桃油（Pecan）：含高Omega-3，但果實味道芳香濃郁，拿來當醬汁或是灑在蔬菜烤熟都十分可口。

○ 優質烹飪油

橄欖油和椰子油是廣泛運用在烹飪中的油，可以降低膽固醇；而酪梨果油味道溫和充滿果香，可以減低糖尿病。以這些油來料理食物，健康又美味。

橄欖油（Olive oil）

這算是烹調用油中最廣泛使用的一種，特別是初級鮮榨橄欖油。橄欖與橄欖油在我們的菜單佔一席之地已經是上千年的事了。古希臘名醫西波克拉底（Hippocrate）提到橄欖油用來治療潰瘍、膽囊問題、肌肉痠痛還有許多疾病。最近幾年來，橄欖油更是被加以「優良脂肪」這樣的封號。尤其是橄欖油成份裡屬於能幫助降低膽固醇、預防心血管疾病的單鏈不飽和脂肪（monounsaturated fats）的油脂甚多，到處都有宣傳廣告。

第一級的特級初榨橄欖油（Extra Virgin Olive Oil）是用冷壓榨取的方式，讓其酸度降低，但是保留最高級的脂肪酸和抗氧化的多酚（polyphenol）。在地中海種植橄欖樹的土壤中，很容易可以發現這樣的化合物。而這成份生成的原因，多半來自橄欖果實是處於暴露的環境，

為自我保護而形成的；我們食用橄欖油也直接使用到這樣的成份。

防皺護膚的保養計畫總少不了橄欖油，高維他命E和多酚類的成份可以抗發炎，也使得長期大量食用橄欖油的人們活的長久。

比起其他Omega-3含量豐富的油來說，橄欖油相對容易發胖，所以我的用量不多，一茶匙橄欖油搭配一湯匙的亞麻子油當沙拉醬；就算炒菜一點點也就夠了。

酪梨果油（Avocado oil）

酪梨果油味道溫和充滿果香，以冷壓初榨的方式製造，是本人最愛的水果。酪梨油算是油脂中推出時間並不長久的一種，但也逐漸受大眾歡迎。含有非常豐富的維他命及其他營養素，對皮膚、骨骼、眼睛、頭髮和指甲都很有益處。

有學說證明酪梨果油可以減低糖尿病，以及前列腺方面的疾病，無論冷或加熱烹調都沒問題。用在烤肉或其他菜餚、沙拉醬汁、甚至取代奶油都很方便。

試著加一點檸檬、迷迭香或辣椒粉幫馬鈴薯泥（或是番薯）做調味，或是淋在蒸熟的蔬菜上：好吃極了！

椰子油（Coconut oil）

終於有一種高飽和的油脂被提及了：人們使用椰子油作為烹調食用油已經有千年的歷史。十九世紀末著名的烹調書籍都廣泛運用椰子油，但自從反對飽和油運動和提倡多元不飽和油開始之後，椰子油就突然沒落了；飽和油脂一向被認為與高膽固醇及心臟病有關。只是越來越多研

究證明，椰子油的好處甚多，例如可刺激甲狀腺功能，擁有完美的抗菌特性等等；還有大量的中鏈脂肪酸能降低膽固醇，主要是因為椰子油有增進甲狀腺功能的能力。在甲狀腺賀爾蒙充足的環境下，膽固醇（尤其是LDL Cholesterol）會被轉化成重要的抗老固醇、黃體素及DHEA，這些物質是幫助抵抗心臟病、衰老、肥胖、癌症及其他退化性疾病所必需的。

椰子油含月桂酸（Lauric acid），是這些中鏈脂肪中抗病毒能力最強的。而月桂酸也存在於珍貴的母乳中，母體會將月桂酸轉化成保護嬰兒來抵抗病毒、細菌及原蟲的物質。

不飽和油脂在食物烹調後數小時內就會腐敗，即使是放在冰箱冷藏，擱置久了仍會產生臭酸味。新鮮（未加熱）的不飽和油也很糟糕，一旦進入體內就會因接觸體溫和氧氣而氧化並腐敗，不過這些情況不會發生在椰子油上；椰子油雖然是飽和油，但是它的好處早已經過了千百年的考驗，我幾乎都用它來煮食而非橄欖油：特別是烘烤東西（這椰子油必須是初級的，未經精製的）。一般買來時是固體的，一旦開封就要放冰箱冷藏儲存。

椰子油的促進甲狀腺功能可幫助減重、平衡內分泌和降血脂。對素食者而言是奶油的完美替代品。

第五章

來杯抗老飲品

活力水果奶昔

水果奶昔是以水果為基底，
加入各式奶製品打成濃稠泥狀的飲品，是你最好的營養代餐。

喝水最重要

水帶給細胞氧氣、養份和帶走人體代謝的廢棄物。
水是我們生命的最重要元素之一。

每天一杯新鮮蔬果汁

蔬果汁已經將九成的抗老成份濃縮起來，
飲用時可以讓細胞直接吸收。

有益的熱飲

不適合飲用蔬果汁等冷飲的人，可以來杯熱呼呼的咖啡或茶，
其中的養份對身體仍有幫助。

小酌無傷大雅

飲用少量的紅酒可以避免心臟病，
因為其中的抗氧化酵素可以預防細胞死亡。

家常養生湯品

家常湯品富含食材被燉煮後的營養和豐美口感，
也同時溫暖了你的心。

當飲料涉及到養生的層面，就不僅僅是解渴的液體了。如同穆罕達默・甘地（Mahatma Gandhi）說的：「吃你所喝，喝就當吃。」（Eat your drinks and drink your food.）食用越多液態食物像湯品、奶昔或湯之類的，你的身體就越省力在消化。省下來的精力可以用在清潔和維護細胞再生上，所以健康的細胞正是造成人體青春不老的秘訣。

●活力水果奶昔

你慢慢會瞭解為什麼植物油在抗老養生扮演這麼重要的角色，尤其是加在奶昔（Smoothies，源自美國加州，以水果為基底加入各式奶製品打成濃稠泥狀飲品）裡喝掉就是最直接有效率的辦法了，你該做的只是把所有喜歡的水果加在一起。你可以早上來一杯、中餐也喝、晚上當輕食也來一杯，任何你沒時間準備餐食的時候。奶昔會是你最好的營養代餐。

果汁

果汁也可以加在奶昔裡，只要那是純天然不添加糖份的即可。儘管營養比不上新鮮水果，但在超市還是有許多包裝好的罐裝果汁：蘋果、芒果、小紅莓等，隨便說就有三樣。如果你真的沒時間，就買現打的奶昔，然後放在冰箱儲存。最好的選擇是那些不加糖、含豐富抗氧化成份的藍莓汁或草莓汁。找那些純果汁──不添加糖份、色素、香精、防腐劑等的天然果汁採購。。

水果

莓類萬歲！講到抗老水果，各式各樣的莓類水果首屈一指：高含量的抗氧化物和水份，低糖度。我們很容易可以在菜市場買到各類的冷凍莓果，就算不是產季也可以買得到。甚至於購買當季的莓果自己冷凍也未嘗不可。在莓果奶昔裡加一點卵磷脂，就可以打成一杯不含牛奶的濃郁奶昔。

好油

選擇亞麻子、大麻子等或Omega-3、Omega-6混合的油類，少量加入奶昔裡可以讓口味更豐富，這是讓營養直接被細胞吸收的助劑，如果再加入以下所說的蛋白質製品，這杯飲料可以你有飽足感，血糖穩定。

好喝奶昔配方

★ 一到兩茶匙亞麻子、大麻子等或Omega-3、Omega-6混合的油類。

★ 一杯果汁（除了橘子之外的都好）。

★ 一小把綜合莓果：藍莓、草莓、覆盆子。

★ 一茶匙到一茶匙的卵磷脂細粒。

★ 一匙卡特基乳酪、庫克乳酪或是任何壓碎的堅果或種子類。

★ 半根香蕉（如果你喜歡）。

★ 將之全部加在一起打成一杯飲料，甜味不夠可以斟酌加一點蜂蜜。

奇妙的是，你會持續想在你的飲料中加入兩匙油脂；因為這樣不但不會發胖，反而可以加速你的新陳代謝；更可以讓皮膚豐潤平滑，達成駐顏回春的目的。

蛋白質

一匙卡特基乳酪、庫克乳酪或是任何壓碎的堅果或種子類，都是建議可加入奶昔裡的成份。特別是早晨為吸收蛋白質最佳的時刻，一杯富含蛋白質的飲料可以讓肝臟健康運作，內分泌系統正常活動；也可以讓奶昔稠度增加，不會那麼容易餓。

除了上述原因之外，蛋白質可以結合任何堅果油類，帶給人體更多精力。專家提到蛋白質能讓這些油類水解，更容易被人體吸收轉化成精力。

卵磷脂細粒

卵磷脂是人體很需要的營養成分。因為人體是由細胞所構成的，而卵磷脂就是構成細胞膜很重要的物質；而且，當人體吃下卵磷脂之後，身體會產生一種高密度的脂蛋白，就是一般所謂的「血管中的清道夫」，能夠將血管裡的膽固醇帶走，進而防止血管硬化之類的疾病。如果你不排斥那樣的口味，一開始先加個三茶匙再慢慢增加到點心匙的份量。只要身體有一些異常反應，就馬上減量或停止食用。

卵磷脂細粒可以在不少健康食品店，或是蛋、玉米、大豆中找到，你可以多查查最適合自己的卵磷脂來源，只是要注意這些植物不是經過基因改造的就好。

●喝水最重要

並非細胞本身造成我們老化，而是細胞內的液體；人體是由75%的水組成的，分布在我們的血液、肌肉組織和骨骼等。這些液體對人體正常運作是不可或缺的，水帶給細胞氧氣、養份和帶走人體代謝的廢棄物。除了我們每分每秒呼吸的空氣之外，水是我們生命的最重要元素之一。

水會稀釋酸性物質，讓血液變為鹼性，使人體更健康。水還能滋潤皮膚、潤滑人體的關節和骨骼，是大腦運作不可或缺的。大腦細胞有十五萬億之多，若沒有足夠水份補給，無法發揮最佳效能；我們時常忘記大腦也是人體器官之一，一個完全由本質脂肪和水份組成的重要器官。

隨著年老人體逐漸脫水，而所謂的嘴唇乾燥其實已經是水份不足的最後警訊。所以缺乏水份在某個層面可以視為加速人體老化的速度。所

多喝水的好處

· 平衡人體電解質
· 幫助腸道蠕動
· 讓毒素更快代謝出體外
· 稀釋血液濃度
· 輔助腎臟運作
· 皮膚保溼
· 解壓
· 潤滑關節和骨頭

· 降低膽固醇
· 穩定血壓
· 預防頭痛
· 幫助消化酵素發揮作用
· 維持血糖正常
· 預防失神
· 預防疲憊
· 預防過敏反應

有的醫生都同意水的重要性，而且水對治療糖尿病、關節炎、頭痛、心血管疾病等的功效也日漸為人所熟知。

脊椎的每一段都是被脊髓組織液包覆著，如果不想在老年時背痛纏身，現在就開始儲存「水」本吧！腎臟是人體需要大量水份來幫助排泄廢棄物、代謝毒素的器官；我們喝越多的水，促使腸道運動，也就越能將對身體有害的殘留物質藉由尿液排出體外。

其他飲料做不到嗎？

一個字：不！你要辨認一個人是否養了狗或貓，首先該查看的就是家中是否有寵物的水碗；如果你有個花園或庭院，你會用什麼餵養滿園的植物？是有些園丁會用茶或特殊飲料澆灌這些花草，但這些都是少數；也有些貓狗喜歡牛奶或是啤酒，那也是例外。這些生物主要的飲料還是水，而我們也是。

咖啡、茶、酒類或是啤酒都不算數，其實我們還必須多喝水來補充這些飲料造成的脫水現象（除了少數的草茶）；醫學專家蘇珊‧雪瑞芙博士（Susan Shirreffs）解釋：「茶、咖啡或可樂等含咖啡因的飲料，其實都是另外一種型式的利尿劑；酒精的脫水力更強，會促使我們大量排尿，也就是喪失水份。」每當我們喝下那樣的飲料，也是促使腎臟代謝更多的水份排出人體。

一天該喝多少水

人體一天會排出約兩公升的水份，就算我們沒有特別的勞動或是做運動，也會透過流汗、呼吸、咳嗽、糞尿等排出。所以如果我們做了一

天事，或是激烈運動，就必須補充更多的水份以備不時之需。

我建議一天一公升半到三公升的水，包括茶和精力湯、生鮮果汁或湯等等。兩公升也不嫌少，差不多是一天八杯水的份量。

當你開始多喝水計劃時，最好在你不太忙而洗手間也在附近時。我們的膀胱對於承擔水份增加的能力比我們想像要強的多，一開始可能我們的身體還在適應，你會感覺這多喝水計劃很無聊；但只要你習慣每天這樣的飲水量，慢慢的時候一到你就會知道什麼叫口渴。

而會逼你衝廁所的，不是水，而是咖啡或茶！

多喝水的忠告

· 喝靜止的水。反覆沸過的起泡開水所含的鈣、鎂、氯、重金屬等微量成份增高了，會對腎臟產生不良影響。
· 喝近室溫的水，易於吞嚥吸收。
· 不要在進食時喝水，會妨礙吸收。
· 進食前半小時盡量少喝水。
· 飯後一到兩小時不要喝水。
· 一次不要喝多於半公升的水，以免造成腎臟負擔。
· 同樣道理，一小時內不喝超過兩公升的水。
· 如果要一夜安眠，晚上九點之後不要喝太多水。

● 水的種類

即使是喝的水也有不同的種類可選擇，有的水營養豐富，富含礦物質；有的水卻充滿消毒劑殘留物或化合物，選擇時一定要小心謹慎。

自來水（非蒸餾水）

味道通常令人作嘔，含大量（至少三百種以上！）殺蟲劑和消毒劑殘留物；持續性的氟化物添加惹人詬病，特別是甲狀腺專家，因為這樣的水質會壓制腺素功能發揮，容易造成普遍性甲狀腺功能失調的症狀。

天然礦泉水或山泉水

按照法律規定：水的出處必須是天然的產地，瓶裝而且礦物質成份穩定，絕對是非人工的天然產物。仔細查看標籤：鈣、鈉的成份低於鉀與鎂才對。至於塑膠瓶裝是為了環保考量，還有節省成本。

家用過濾水

這是最省錢的簡便方式，利用活性碳濾去自來水的化學物質。碳心的取得要比以往更容易，不過一次出水量不大，定期更換的手續更是不能少。比起大量購買瓶裝泉水，這樣的選擇最保護環境。

深層濾水器

如果您的荷包飽足，願意投資更多在自己的健康上，這倒是個不錯的選擇。系統一旦裝設好，以一日兩公升的飲水量估算，還是比大量買瓶裝水便宜。在坊間眾多的濾水器中，日本製的產品是比較值得納入考

慮的。專家深入研究的結果，模仿自然界地表水自高山流下的原理，透過鹼性礦物質將清淨的飲用水濾出，就如同可以過濾掉大部份水龍頭的化學物質，深層濾水器可以在水中注入氧氣，並且增加鹼性。

逆滲透純水

所需的設備更加昂貴，不過可以把水中不純淨的物質幾乎百分之百濾掉。然而那些人體需要的天然生成礦物質也差不多一起濾掉了。

蒸餾水

設備貴又佔地方，專家不建議購買。部份專家說這是地球最為純淨的水，因為沒有礦泉水和自來水中的毒質，也沒有污染物和非有機礦物質。也有人說過份純粹反而對人體不利，如同天然的純雨水能濾出石頭的礦物質一樣，對我們起作用。

以上就是我們飲用水的幾種選擇，不過，倒不必輾轉反側要想通自己喝的究竟是那種水——只要你肯喝就好。只是注意選擇最適合你和你的荷包的生活方式就可以了。

我終於痛下決心買了深層濾水器，對於現在可以用含氧氣的純水來烹調或是沖泡熱飲，我可是開心的很呢！

每天一杯新鮮蔬果汁

天天喝新鮮蔬果汁對人體的幫助甚大，果汁已經將九成的抗老成份濃縮起來，飲用時可以讓細胞直接吸收；吃生菜沙拉可能只有五成養份吸收，更別說那些還要動手烹調的菜式了。要記得當植物生長時，會吸收飽足的陽光和氧氣，所以在食用這些植物的同時，等於把這些葉綠素和陽光的能量通通帶進身體，轉換成我們需要的能量和精氣。

沒有果汁機的人別洩氣，市場有許多便宜的生鮮蔬菜可以直接吃；大賣場也常見果汁機擺在家電特賣的位置，所以在聖誕節或新年採購的清單上馬上寫上去吧！採買時要買有機蔬菜，否則你還沒吸收到營養就被化學農藥殘留傷害了；絕對要泡水並清洗乾淨！如果你還沒買果汁機，熱水加入新鮮檸檬汁一樣具有排毒功效。

蔬果汁的首選當是具排毒作用的精力湯：講到顧肝的飲料有許多種，但能幫助肝臟排毒和感覺回春、充滿精力的還是精力湯最好。最棒

排毒精力湯食譜

★ 一個甜菜根　　　　★ 四個紅蘿蔔

★ 四根西洋芹　　　　★ 一小把新鮮水芹菜

★ 六個白蘿蔔　　　　★ 一段生薑

★ 一到兩個蘋果帶出甜味

★ 一點心匙的特級橄欖油（可不加）

★ 兩茶匙的檸檬汁（可不加）

的排毒蔬菜有甜菜根、白蘿蔔（radishes）、水芹菜、薑等，如果你愛嘗新，可以加一匙橄欖油和一顆新鮮檸檬搾汁，這多加的兩樣東西都是幫助肝臟代謝出毒素，和抗老化的氧生成。排毒的好時機一般是在大餐後如聖誕假期過後，或是你剛開始嘗試抗老飲食。只是剛開始喝蔬果汁，細胞會因為缺乏飽足而有副作用如頭痛、暈眩、生出斑點等。所以聆聽你的身體反應，如果你覺得不適的話，要適時停止。

市面上有太多可供打汁飲用的蔬菜，所以帶點實驗精神去嘗試看看吧！至於建議打汁的水果只有檸檬、橘子和蘋果。有不少水果的營養是在皮上，如莓類，所以去皮打汁的程序會浪費掉養份，況且草莓根本沒有什麼汁液，不如直接打一杯莓果奶昔喝就好。

建議打汁飲用的蔬果

⊙紅蘿蔔：捷克的科學家發現紅蘿蔔含有可取代咖啡因的物質，而且完全沒有副作用。

⊙紅甘藍（Red Cabbage）：甜又帶穀胺醯胺（glutamine），可以幫助恢復消化道功能。

⊙所有綠葉蔬菜：帶苦味，但含四種維他命和礦物質，維護內分泌系統。

⊙檸檬：把一點果皮和果肉一起擠汁，將柑橘類生物黃鹼素（Citrus Bioflavonoid）等天然植物素和維生素C一起喝下去。

⊙甜菜根：含天然氯化物可以清肝、養腎和顧膽。

⊙小黃瓜：天然的利尿劑，富含健康髮絲、指甲，肌膚潤澤的天然矽和硫化物。

⊙西洋芹：含有幫助體內排毒的有機鈉，會利尿。

⊙巴西里：又名荷蘭芹，促進內分泌腺體，利尿、高鈣和維他命C。

⊙茴香：活化肝臟和消化系統，幫助排毒和清新膚質。

⊙白蘿蔔：幫助免疫系統運作。

⊙三色甜椒：黃、橘、紅椒都含大量抗氧化的胡蘿蔔素。

小麥草汁是大自然的綠色血液

這完全是懶人版的蔬菜汁。我最近迷上小麥草汁的方便和豐富營養，光是一杯就含半公斤綜合蔬菜的營養，有誰不想隨時來一杯濃縮的補給品呢？唯一不便的是你必須找個平盤來種。小麥草是很容易生長的作物；但它強烈的草腥味也讓不少人作嘔（特別是那些身上積滿毒素的人）。所以如果你的肝功能已經不太好，建議不要常喝以免不適。

小麥草的營養

・豐富維他命A、B、D。

・高鈣、磷、鐵、鉀等礦物質。

・含所有必須氨基酸。

・與吃二十五個漢堡一樣可獲得的蛋白質。

・含氧高，氧是腦部和人體肌肉組織等不可或缺的。

・排除重金屬毒素。

・葉綠素增強心臟功能、肺和腸道作用。

・高鎂含量，是抗老化最重要的成份。

・增強血糖調節功能。

・幫助防止白髮生成。

・促進腸道蠕動。

・降血壓。

小麥草的神奇在舊約聖經提過，有個國王的身心失調病得很重，他聽見天上的聲音告訴他去吃牛的食物——小麥草；他照著去做而重獲健康。除了吃草，我們現在可以自己製作小麥草汁飲用，一樣可以從中獲得身體需要的養份。倘若你有一台果汁機，詳細看一下說明書是否適合打小麥草汁，因為並非所有果汁機都合用。

●有益的熱飲

水果奶昔和新鮮蔬果汁屬於冷飲，有些人的體質並不適合飲用，這時你可以考慮來一杯熱呼呼的咖啡或茶類飲品，其中的養份對身體仍有幫助。

咖啡

對於咖啡喝或不喝的優缺點，在前面幾章都提過了，有許多人並不想為了單純多活幾歲而放棄這一天一杯的樂趣；所以倘若你想要喝點什麼取代咖啡，而小麥草汁或胡蘿蔔汁這類的冷飲讓你反胃的話，這邊有一些選擇：儘管帶點苦味，但豐富的營養卻無庸置疑。

蒲公英咖啡

非常普遍的咖啡替代品，以蒲公英的根切片烘烤磨成粉末，沖泡成沒有咖啡因的蒲公英咖啡。蒲公英葉片中含有豐富的鉀，可以調節身體中的水分，利於改善水腫、排除結石。但這並非我喜歡的飲品之一，我的最愛是清爽宜人的熱綠茶。

綠茶

綠茶含有少量咖啡因和大量抗氧化物質,所以是真正咖啡的最佳替代品,甚至可以獲得相同的提神效果。綠茶在四百多年前已經在中國普遍飲用,可以有效預防癌症和心血管疾病。許多研究報告都說明綠茶對更年期過後的婦女有非常多好處:六十五歲到七十五歲婦女一天一杯綠茶可以增加骨質密度,特別是大腿和脊椎。法國的科學家也說明女性多喝綠茶可以幫助減重,增加新陳代謝率起碼4%。

白茶

白茶(white tea)現在慢慢佔據部份綠茶的篇幅。所謂白茶在製作方法上更為簡單,因此保留了茶葉中較多的營養成分。採擷茶葉後,只經過約10%~30%輕微的發酵,不經任何炒青或揉捻之動作,直接曬乾或烘乾製作而成。白毫烏龍茶就屬白茶。

白茶中的「茶多酚」就是「兒茶素」(Camellia sinensis),含量較高,是天然的抗氧化劑,可提高免疫力和保護心血管等作用;其中,生物類黃酮活性也比一般的茶葉強,與維他命C一起使用可發揮最大清除自由基的效果。

路易波斯茶

路易波斯茶(Rooibos)來自南非,是種很受歡迎的茶類替代品,完全是無咖啡因的飲品。單寧酸低,而其溫和舒緩的成份,甚至讓英國動物園裡的飼育員安排讓部份兇猛、激動的動物飲用。記得將之列入你

的抗老飲品清單裡，它的豐富礦物質和抗氧化成份都是你養生的最佳選擇。

我覺得一般熟茶很值得在這裡提出來，只要是有機栽種的。比照真正的咖啡因，茶裡的咖啡因對人體的副作用要小很多。茶中的茶胺酸（theanine）是種熟知的緩和劑，喝下一杯熱茶會獲得泡熱水澡一樣的鬆弛舒適感。如果你一天少不了一杯茶，那一到兩杯不加糖和奶的茶都不傷你一日的抗老飲食計劃。

⊙蒲公英茶：幫助肝臟排毒和膀胱排尿。

⊙蕁蔴葉茶：活化內分泌、消水腫且含有豐富的鈣質。

⊙水果茶：充滿抗氧化物質。

⊙減毒茶：幫助腎上腺素分泌的甘草根、蒲公英、茴香子等多種幫助排毒的草藥組合成的茶品。

⊙味噌速食湯：居家方便的湯品，通常在超市以小包裝出售，吡啶二羧酸（Dipicolinic acid）的成份可以幫助人體安全排毒。

⦿小酌無傷大雅

我猜這個跟酒精相關的標題夠引起你的注意了，雖然有不少說法證明，酒精對老化有確定的威脅；但也有說法是飲用少量的紅酒可以避免

心臟病，因為其中的抗氧化酵素可以預防細胞死亡。但根據許多抗老專家表示，酒精會讓血糖升高，造成氧化和加速耗損精力；緩慢的脫水會讓新陳代謝慢了百分之三，換句話說，酗酒的人每半年會莫名其妙增加半公斤。

既然不定時會喝一杯的情況時常發生，我給自己的限制就是每次喝紅酒僅只一杯，並且只接受品質好的酒如美洛（Merlot）、卡貝納蘇維濃（Cabernet Sauvignon）、黑皮諾（Pinot Noir）等品種葡萄釀製的酒。在飲酒間盡可能補充水份，還有搭配輕食以避免血糖升高。

顯然其他酒類喝與不喝都是讓人掙扎，那麼酌量飲用才是王道。還有少喝糖份高和全發酵的酒如伏特加之類的白酒。壓力是造成老化的主兇，如果喝一杯可以適度減壓，那麼不要讓這個樂趣被抗老化的藉口給剝奪了。

●家常養生湯品

這一章講到抗老飲品，若沒提到幾道家常湯品，就是不對勁。作幾道令人滿意的家常湯，不需要特殊技巧，還可以當做一頓正餐；冬季受歡迎的熱湯，富含食材被燉煮後的營養和豐美口感，也同時溫暖了你的心。

你可以在第三章的「養生蔬菜」中任意選擇四項，以一種一杯的份量混合，再以這四種蔬菜的高湯一起攪拌蓋鍋燜熟十到二十分鐘，調味後即可上桌。

這裡介紹兩道夏日養生冷湯和兩道冬日進補濃湯給大家參考，菜單為了方便製作都以杯為計量單位。

⊙ 西班牙涼菜湯（GAZPACHO）（四人份）

材料：

1杯切碎的小紅洋蔥、3-4杯去皮去子的番茄、1杯紅椒去子、1杯小黃瓜切碎、1-2匙蘋果醋、3湯匙橄欖油、兩瓣大蒜、半罐番茄汁、未精製的海鹽或岩鹽調味、2茶匙蔬菜高湯或是高湯粉、2杯大蔥、部份新鮮的巴西里、羅勒、墨角蘭或百里香裝飾

做法：

1. 將切碎的洋蔥、番茄、半個紅椒、半個小黃瓜混合攪拌並熬煮。

2. 加入蘋果醋、橄欖油、大蒜、罐頭番茄汁，依季節喜好調味。

3. 加上蔥段、剩下的小黃瓜、紅椒，還有將那些香草植物灑在湯上面，再放進冰箱冷藏。

4. 如果想要增加香脆的口感，可以加一點芝麻粒而不是香脆麵包丁。

⊙ 酪梨菠菜冷湯（四人份）

材料：

500克菠菜、西洋芹、磨碎的杏仁粒（使口味濃稠）、500毫升的蔬菜高湯、500毫升的新鮮優格或庫克乳酪、2個熟透的酪梨削皮並去核、鹽、少量辣椒醬、2顆萊姆壓汁

做法：

1. 菠菜先切段，洗過並放置在淺盤蒸熟；瀝乾並任其冷卻。

2. 加入西洋芹、堅果和高湯開火燉煮，滾開後蓋上調小火悶十分

鐘，不時攪動湯料。

3. 熄火冷卻後加入優格或乳酪盛碗，將酪梨泥一點一點拌入湯碗裡。蓋好放進冰箱冷藏。

4. 上桌時加一點萊姆汁和開胃的辣椒醬。

⊙ 清爽水芹菜湯（四人份）

材料：

6杯蔬菜高湯、6-8杯切好的大蔥、新鮮香草、2個蕃薯去皮切成片狀、4把水芹菜切碎、400毫升牛奶或奶粉沖成的奶水、檸檬或萊姆汁、鹽

做法：

1. 在一個湯盤加熱一杯蔬菜高湯，加入大蔥和香草蓋好悶煮五分鐘。

2. 再將蕃薯和其他高湯加入蓋好悶煮二十分鐘直到熟透。

3. 接著放入水芹菜再滾個兩分鐘，熄火並且加入牛奶，攪拌均勻後靜置五分鐘。

4. 上桌前加熱或加入檸檬汁和鹽調味。

⊙ 紅椒濃湯（四人份）

材料：

2匙橄欖油、1個紅洋蔥切碎、3瓣大蒜切成細末、1個中型蕃薯去皮切成方塊、2茶匙紅辣椒粉（paprika）、半茶匙辣粉（chilli powder）、1茶匙紅椒（cayenne pepper）、2湯匙胡荽切碎、鹽、2杯捲

心菜切成細絲、2個番茄罐頭、5杯蔬菜濃湯、1茶匙蜂蜜、1-2匙新鮮紅辣椒去子切碎、2杯紅椒、半杯椰奶

做法：

1. 熱油鍋炒香洋蔥、大蒜、蕃薯、胡荽五分鐘，調味。

2. 再加入捲心菜絲、番茄、蔬菜高湯、蜂蜜和辣粉等。小火悶著直到蕃薯熟透。

3. 另起油鍋嫩炒紅椒，熟透加入椰奶再倒入湯裡，小火燉煮幾分鐘後熄火。

　　你現在對於什麼食物、飲料和油可以有抗老養顏的效果，應該有充分的了解。下一個章節可以讓你對於飲食計劃的安排，有更全盤的想法。

第六章

四大養生飲食法

生機飲食法

生機飲食法比較適合素食者，
或是住在陽光普照、氣候暖濕地區的人。

獵人飲食法

獵食法適合沒有大魚大肉活不下去，
但是不吃穀類還能過日子的人。

GI值飲食法

這是愛吃穀類的肉食者的最佳選擇，
特別是那些血糖不穩、胰島素分泌不正常的人。

組合飲食法

組合飲食法是給那些沒有任何限制，
可以盡情享用各種養生食物益處的人。

現在我來介紹四種養生的飲食方法，讀者可以視需求和喜好，選擇在自己的生活方式中實行。第一種生機飲食法比較適合素食者，或是住在陽光普照、氣候暖濕地區的人；第二種獵食法適合沒有大魚大肉活不下去，但是不吃穀類還能過日子的人；第三種GI值飲食法則是那些愛吃穀類的肉食者的選擇，特別是那些血糖不穩、胰島素分泌不正常的人；最後一種組合飲食法是給那些沒有任何限制，可以盡情享用各種養生食物的益處的人。

　　一旦選定一種飲食法，請將之視為生活的飲食指南，而不是非照吃不可的菜單。各位或許想每種都試個幾週，看看自己身體的反應才決定。如果你覺得脹氣、昏昏欲睡、便秘好幾天，那你該考慮換一種飲食法。別忘了就算這裡沒提到的食物，只要在第三章養生食物的建議單上有列入的，你還是可以吃。

　　這四種方法是我就吃這方面來做的抗老規劃，希望各位適用！這些方法在我忙碌的生活中依然可以日日遵循，但願您也一起努力。所有的食譜和食物相剋等問題，都經過抗老飲食仔細嚴密的考究過。

　　本章末節有一段落是集結的小提醒，要陪伴各位在對抗年華老去的同時，能夠充分吸收到食材的精華——無論這四種飲食法是否採用。

●生機飲食法

　　當講到抗老和回春的飲食法，我第一個就想到這種飲食方式：但這也是最難實施的一種，尤其是住在濕冷的英國、又一天到晚不能在家吃飯。

根據近年來發揚古希臘名醫西波克拉底學說的布萊恩·克雷門（Brian R. Clement），同時也是《帶來健康的生機食物》（*Living Foods for Optimum Health*）一書作者說道：人體的細胞退化、突變和死亡，都是因為沒有適當的補充營養。與熟食和加工過的產品不同，生機飲食可以充分提供細胞再生所需的營養：維生素、礦物質、蛋白質和氧氣、酵素和鹼性。而再生的新細胞會讓我們年輕化。

不過在所謂生機食物和生食之間還是有些微的不同之處：生機飲食指的是帶有生命的植物如小麥草或苜蓿芽；但生食是指未經烹調煮熟的食物，例如生的魚類。如果你把一條生魚放在廚房流理檯上，很快死魚肉就會腐敗發臭。但種子浸泡在水中過夜，依然能發芽生長，生生不息。死去的食物本身已經沒有生機，我們又怎能期待在吃下這樣的東西後，細胞能重獲生命呢？依照克雷門的說法，任何人只要持續食用生機食物，身體會自然而然的變成健康的體質，心理也轉向正面，進而減緩老化的速度。

我們算是地球上唯一會對食物進行調理和烹煮的物種，這就證實克雷門說詞中，為什麼我們需要含氨基酸的食物、酵素、荷爾蒙和氧氣等，那都是健康細胞和強壯的免疫系統不可或缺的。他說：現今任何可進化或被補捉物種，都適用於西波克拉底的學說。

人體有一組由酵素和抗氧化物聯合組成的軍隊，可以抵禦自由基的入侵，並修補細胞，將有害物質化為水或無害的氧氣排出。這樣的過程可能會被我們吃進熟食所破壞，因為熟食本身就會增加自由基還有消耗人體生成的酵素。

這理論並非新創，微生物學家保羅·庫恰可夫（Paul Kouchakoff）

博士早在三〇年代就針對熟食對身體的影響做過深入研究，他發現每次吃進煮熟的食物，人體就會有被毒素入侵、白血球進而大量增加的反應。而吃進大量加工過的食物如白糖、火腿和醋、酒等，反應更強。動物的肉類製品，特別是煮熟並且經過加工的，更是必須對我們皮膚上的層層疊疊皺摺負責任：唇邊的法令紋、臂膀的蝴蝶袖、大腿的橘皮組織等，都是老化細胞的成績。

　　所以要強化身體機能和給細胞更多生機，你必須拒絕所有熟食與肉食。一旦我們回歸自然，開始吃蔬菜水果、種子堅果和穀類，我們的身體細胞就會漸漸潔淨，體質也趨向鹼性，一直到老年，免疫系統和消化系統都會維護的很好。

　　倘若所有對熟食的指控都成立，那麼不妨深思生機飲食對抗老化的路程會有多大的幫助。我見過布萊恩·克雷門先生本人，他已經進行生

● 生機飲食法抗老化的原因 ●

・生機飲食的酵素幫忙分解多餘的脂肪，進而達到減重的目的。
・煮熟、加工、人造物浪費許多免疫系統的精力去消化。
・幫助細胞維持蓬勃生機，酸度降低。
・減緩老化，提升情緒療癒力。
・加強免疫力。
・進行的越久，你的身體越少毒素，人也變得更年輕。

機飲食好幾十年了，他的皮膚是如此年輕、純然無瑕。不過，生機飲食法的缺點是，在緯度較高的寒冷地帶實在不容易實行。

生機飲食和生食的不同

生機飲食指的是帶有生命的植物如小麥草或苜蓿芽；但生食是指未經烹調煮熟的食物，例如生的魚類。

　　如同所有堅持素食的人一樣，生機飲食者因為減少肉食和乳製品的攝取量，而達到維持青春不老兼養生的目的。這些生機食物可以減少蛋白質在動脈堆積、防止身體酸化，還有骨骼的鈣質流失。以上都是我能接受的說法，不過沒有Omega-3次亞麻油酸豐富的魚類，我就受不了。

　　我將生機飲食法做了一番調整，使得寒冷國家居民如英國人，就算在寒冬裡只想吃熟食而不是生菜沙拉也能夠做到。庫恰可夫博士測試過許多本來不被允許的熟食，發現只要新鮮、未經精製、不是過熟（僅滾水燙過），並不會有白血球增加的反應。所以只要想到是沒有變色、沒有過熟的食材就對了——所以含油脂的魚又被納入菜單了。除非你堅持完全純淨，你可以選擇不吃魚類。

　　在我認為，新鮮優格、未加熱殺菌處理的乳酪很接近生機食物，所以將這些動物性蛋白質列入菜單。我的胃在一清早一定要來杯鮮果汁，但為了簡便我通常喝完果汁再來一份新鮮山羊乳製成的優格，添加泡過的枸杞子和花粉等。或許這也是本人的法令紋不再加深的主因。

　　要做到完全生機飲食並不容易，特別在寒冷的冬季；但原則是多吃生菜。我就是盡量喝生菜汁或是餐前來一大盤生菜、苜蓿芽等，就算在外用餐也一樣。

輕輕鬆鬆生機飲食

· 盡可能減少抽煙、飲酒、咖啡、糖、肉類和乳製品。你可以吃新鮮優格、未加熱殺菌處理的乳酪，還有含油脂的魚。

· 以一半到四分之三生食為目標。

· 每一餐以大份沙拉、生菜或蔬果汁為前菜。

· 選擇新鮮水果為飯後點心和零食，但正餐不要超過15%是水果。

· 堅果和種子最好浸水2-12小時，待酵素釋放後再吃；或是研磨成細粒再吃。

· 早餐喝自製杏仁奶和泡過水的堅果。

· 使用海帶、酪梨等蛋白質豐富的食物來取代肉食。

· 不吃糖，不吃加工過的食物。

· 不吃精緻烘培的麵包，除非麵糰來自發芽過的穀類或符合我的養生食物名單的好穀類。

· 餐點裡加入海藻等食物。

· 如果食物非煮熟不可，最好水煮、蒸或烤；但不要烤焦食物——自由基正大量製造中。

· 不要油煎或炒。

· 少喝酒，而且請搭配輕食。

· 少喝咖啡和茶，偶爾一杯可以，但冷了再喝。

· 花草茶的禁忌跟熟食一樣，不要滾水沖泡。

· 果乾有太多糖和添加物，少吃為妙。

· 新鮮橄欖會比罐裝或醃漬的好多了。

· 黃豆雖好，也酌量食用，避免荷爾蒙失調。

●獵人飲食法

　　人類其實是雜食動物，自古以來我們祖先可以說動植物什麼都吃。科羅拉多州立大學運動健康系的羅倫‧柯登（Loren Cordain）博士是著名的舊石器時代人類自然飲食專門學者，他證明我們遵照千年以來的飲食法對健康益處多多，且相關著作等身。

　　在我們學會耕種某些穀類之前，我們的祖先以去森林摘果子、收集樹根、果實、種子、草藥、雞蛋和蔬菜維生；還有食用任何他們可以捕捉到的獸類的肉：鳥、熊或魚等。這些被補捉到的動物，除了部份內臟和腦之外，身上每一吋肉都被吃的乾乾淨淨；我們的祖先對於昆蟲也是來者不拒。事實上人體有特殊的酵素是專門用來分解這些蟲類蛋白質的！這樣的飲食方式其實能攝取充足的Omega-3、抗氧化物、和許多可以對抗今日死亡率甚高病症的營養素。

　　現代人吃的食物有近七成是我們的遠古祖先根本就沒吃過的；這樣的結果造成以下流行疾病：心血管疾病、癌症、糖尿病、骨質疏鬆、關節炎、胃腸疾病等，甚至更多，照柯登博士的理論，人體的進化還沒來得及適應這些飲食習慣的改變。這也是為什麼講到胰島素穩

獵食法禁食名單

- 穀類：特別是麵包、各式各樣的義大利麵類、麵條、小麥製品
- 豆或豆莢類：四季豆、菜豆、扁豆、豌豆、花生
- 馬鈴薯或番薯
- 腰果
- 乳製品
- 鹽

- 肉類、內臟
- 家禽
- 魚類
- 蛋
- 水果
- 堅果（除了腰果、花生）
- 種子
- 蔬菜類：葉菜類還有除馬鈴薯、蕃薯之外的根莖類作物

定和肝膽問題時，澱粉和碳水化合物會頻受攻擊。為了獲得精力，我們吃進過多加工程序繁複的食物，而這些食物大多添加太多的糖、防腐劑和調味料等，已經跟原始自然的狀態差太遠了。

就算你要吃肉，也該選擇有機養殖、無化學飼料、無注射成長荷爾蒙、人工甘味料和防腐劑等的產品，如同這些肉是在幾千年前般的原始自然。那會保證你吃進的食物依舊帶著原有的自然營養素，包括能讓我們細胞長命的維生素等。那正是這種飲食法最值得遵循的原因之一。如果你選擇「組合食物法」，那麼這個獵人搜集者飲食法相對來說會比較容易做到。但你必須喜歡自己的身材才好。

● GI值飲食法

GI值（Glycaemic Index）是個食物如何升高血糖的數值，主要是藉以測試食物碳水化合物的含量。以食用純葡萄糖100公克後、二小時內的血糖增加值為基準（GI值=100），其他食物則以食用後二小時內血糖增加值與食用純葡萄糖的血糖增加值作比較，所得到的升糖指數。升糖指數越高的食物，越容易使血糖升高，使胰島素分泌增加。這個飲食法

從另一個角度看對健康是有益的，許多高蛋白低澱粉質的食物被納入，也有不少澱粉含量豐富的蔬菜被剔除，例如煮熟的紅蘿蔔；還有一些抗老化的水果也是。這對有糖尿病家族遺傳，能量供給嚴重不足的人來說，是相當重要的資訊。

在講到老化的荷爾蒙激素變化時，提到只有兩種激素會隨年齡增加，而胰島素是其一。澱粉類食物會導致人體釋出大量胰島素，你吃進越多大量碳水化合物如酥皮點心、小餅乾，甚至玉米片，你的胰島素會分泌的越多，血糖也越發不穩。隨著時間過去，胰島素的感受器胰腺會疲憊不堪，而作用不良；另一方面，你的體重也直線上升。

胰島素的抵制分泌會受年齡增加、更年期、抽煙或減肥的影響。女性因為天生的血清素含量較低，通常比男性常遭遇到這樣的問題，這些會帶給我們快樂感覺的化學物質在月經週期更加減少。而到老年時，我們不時得靠一條巧克力來刺激一下血糖上升，還有血清素的分泌；但適得其反的是，我們可以得到後者，但血糖很快就下降，而我們的中廣身材就是這麼來的！

從你吃的碳水化合物中，身體吸收的只有會進入血液轉變成葡萄糖的糖份而已；葡萄糖會轉變成儲存在肌肉和肝臟的能量，一旦容量已滿，糖份仍持續攝取，那就會變成肥死你的脂肪。

不只如此，皮膚科醫生也說那些甜的澱粉食物會導致糖化，也就是皮膚皺紋的主要兇手。你不必是個必須經歷身體因為糖份而有發炎反應的糖尿病患，就算正常人也一樣會受糖份過多之苦。這些糖份會破壞組織裡的蛋白質，就皮膚而言就是膠原細胞和皺紋生成。這樣的皮膚已經失去彈性，因為糖分子疊在膠原細胞上導致硬化和失去彈力。而這重重

疊疊的聯結，會造成自由基的大量生成，促成更多發炎反應，所以看似棕色的皺紋皮膚會感覺越來越多。

下面列出的某些食物可能會讓你嚇一跳，但如果你真的關切自己的血糖濃度，你必須正經的把一些蔬菜水果列入注意名單。例如：烤馬鈴薯並非不健康的食物，但所含碳水化合物實在太多，需要花太多精力消化也是一個重點。不必太刻意禁食名單的右半部的食物，你偶爾可以吃吃；但左半部你可要注意，千萬不要將之列入抗老食物的採購清單中。

● 碳水化合物的分別 ●

1.超高糖份但對健康沒有好處

- 糖、葡萄糖、糖果
- 蛋糕、點心糕餅
- 白麵類、白米
- 洋芋、玉米片
- 巧克力、脆餅類點心
- 培果麵包（Bagel）、可頌麵包、白麵包
- Shredded Wheat品牌穀類食品（美國百年品牌）
- Weetabix品牌穀類食品（英國穀物早餐品牌）
- 酒精、運動飲料
- 爆米花、炸薯條、馬鈴薯泥

2.高糖份但對健康有好處

- 烤馬鈴薯
- 玉蜀黍、蕃薯
- 茶、牛奶、柳橙汁
- 瓜類、穀物
- 葡萄、鳳梨、香蕉
- 熟胡蘿蔔
- 防風（parsnip）
- 水果乾
- 紅菜豆
- 蜂蜜

任何不在此列的食物都可放心吃喝，如果你有控制血糖的話，對水果和煮熟的根莖類不要諸多限制，擔心成份中含許多天然糖份，吃完會讓你昏昏欲睡。其實傾聽你的身體反應，如果吃完某種食物四十分鐘後很想睡覺，那麼這種食物就不是你該吃的。注意醬汁、醃漬物和番茄醬等，它們所含的糖份都不低，就像口香糖——即使是以人工甘味劑替代糖份的也一樣。

◉ 組合飲食法

組合飲食法對長久以來被消化問題困擾的人來說，幫助不小。這個飲食法可以讓你保持年輕有精力，基於對消化器官的壓力較小，食物被消化分解吸收的更仔細，我們的細胞也可得到更多的營養。身體沒有那麼多毒素和發酵的臭氣，容易過敏的體質也獲得改善。當你組合得宜，你會發現鬆弛的皮膚開始緊實，水腫和脂肪也逐漸消失。

在十四世紀的義大利有位貴族，寫下他活到一百零二歲的秘訣：一天兩餐，餐食共重十二盎司，加上十四盎司的葡萄汁。他在年過三十五歲、健康因享樂走下坡時開始實行。我雖然不知道他喝那麼多葡萄汁會不會看起來蒼老，但是在那個年代他只是奉行食物組合法，就能活成百歲人瑞實屬不易。

不同食物對消化力的要求也不同：澱粉食物要在多酵素的環境，一入口就開始消化分解了；蛋白質則是在胃酸分泌下才能消化。胃酸和腺體會互相抵消，這就是問題了（特別是對老年人來說）。這兩種類型的食物同時進食，會造成消化系統的壓力；以一客牛排為例：牛肉和薯條要

花很長的時間才能通過消化道，那是一場混亂。消化不良的食物會在腸道發酵導致放臭屁，身體腫脹，最後以便秘收場。這個計畫不難實施，試一兩週看你的身體反應如何，少點力氣消化換來更多精力還是值得一試。

十個組合食物的簡易步驟

1. 不要一餐同時吃蛋白質和澱粉類。譬如肉和薯條，乳酪和麵包，烤馬鈴薯和磨碎的起士粉等。你不會恰巧都這樣吃吧？
2. 一餐裡不要同時有兩種不同的蛋白質來源，例如乳酪和魚。
3. 一餐可以有不同的海鮮類，如前菜有蝦，主菜有鮭魚。
4. 在主餐中另外吃堅果類。
5. 不要同時吃水果和澱粉，因為胃會先消化含果糖的水果，讓水果發酵變酸，這會破壞要消化澱粉的酵素，所以早餐不宜吃水果加穀類麥片。
6. 瓜類的水果單獨吃最好，可以快速消化，但和其他食物不易搭配，最好前菜吃。
7. 所有水果在空腹吃最佳。
8. 豆類算澱粉和蛋白質，與蛋白質或澱粉混著吃都好。
9. 喝牛奶或奶製品時不吃其他的食物。我覺得這點很不容易，因為我喜歡喝優格奶昔加咖哩粉。
10. 與布丁道別吧！在吃完正餐後，布丁根本直接躺在腸道裡發酵！

以下是我個人對這些飲食法的小提醒，如果你們任何人跟我一樣吃許多蔬菜和生食，喜歡含油脂的魚，偶爾吃好肉，不怎麼吃澱粉食物，盡可能組合食物，那這部份你們更應該睜大眼睛仔細看。

⊙蔬菜：將主食安排為生菜的組合，頂多蒸熟（如果非吃熟的不可）。這些抗老化的新鮮綠蔬應該佔盤子的一大半加上一把苜蓿芽。對含澱粉的防風、南瓜、玉米、馬鈴薯等還有煮過的蘿蔔放輕鬆，雖然釋出糖份很快，但相對的營養也很高。

⊙水果：藍莓、小紅莓、草莓、覆盆子等，都是抗老化的首選。酌量吃哈密瓜、葡萄、鳳梨、香蕉還有各式各樣的果乾等，你也知道這些水果特別甜。最好空腹吃水果，間隔一小時之後再吃其他食物以達到最佳食物組合。

⊙魚：一週吃三到四次Omega-3豐富的魚類，例如：鮭魚、沙丁魚、鮪魚和鯖魚等，所有的魚類都有一定的營養，仔細看看第三章的說明。蒸魚或簡單烤過即可，避免煎或油炸。越不帶棕色越好！你愛日式壽司最好，至少魚肉是生的。假使你真的受不了魚腥味，那麼學我外出時一天一顆1000毫克份量的魚油膠囊吧！

⊙肉：盡量減少食用紅肉，非吃不可也選擇自由放牧、青草餵養、有機養殖的肉品。如果你有個週日烤肉會，那請多準備幾份蔬菜搭配。

⊙素食者的選擇：蛋和豆類都含豐富蛋白質，可以取代肉和魚類。如果你的血糖不穩，那麼在吃黑眼豆和紅豆等要留意份量和澱粉攝取量。

⊙乳製品：任何乳製品都要小心食用，有的生菜沙拉要靠帕米森起士粉來提味，但請注意雖然營養豐富，但是脂肪含量都不低，只要多吃很快就會讓你增加幾吋。我一向在早餐吃新鮮優格再添加我建議的養生配料，身為一個實踐者，我總覺得要先餵給內分泌腺體蛋白質以便運作正常，況且高鈣對身體的骨骼也是益處。杏仁牛奶是個超棒的飲料，香濃稠密，高鈣又低脂。

⊙穀物食品：我最愛的穀類就是昆諾亞（Quinoa），還有我吃克萊格博士的有機種子麵包（organic seeded spelt crispbreads），而非一般精製的麵包。

⊙堅果和種子：在前面章節已經提過好吃的種籽和堅果，在食用前最好是泡水兩小時或過夜，讓酵素釋放出來，營養也更能吸收。

⊙海菜：和各種食物搭配都好，這些海藻可以提供甲狀腺需要的碘質和礦物質維生素等，純天然又吃的安心。我會把海苔絲加在我的餐點裡，一週三到四次以確定吸收到足夠的營養。

⊙油：我用椰子油或橄欖油來煮食，沙拉用的醬汁多半是亞麻子油配橄欖油。

⊙鹽：非用鹽不可，就用結晶或未經精製的天然鹽：成色是粉紅色或帶棕色，而非完美的白色。

⊙飲料：咖啡和加工過的茶包少喝為宜，對抗老專家們而言，咖啡等於是全民公敵。多喝抗氧化的白茶和綠茶來取代咖啡。別忘了一天要喝兩升水，差不多是一小時一杯水的量。

前菜最好就吃生機蔬菜，讓酵素工作並準備抵禦稍後進食產生自由基傷害。最棒的佐餐良伴就是一小把苜蓿芽，搭配食物一起吃。甚至外出帶著一個小餐盒裝滿自己栽種的苜蓿芽。

⊙生機飲食者的前菜選項

一杯小麥草汁加橘子或柳橙、任何一種抗老蔬菜壓成的蔬菜汁、哈密瓜、生菜加鷹嘴豆芝麻沾醬、半個酪梨加檸檬汁還有任何一種好油、美生菜加菠菜或水芹菜沙拉。

⊙主餐

選擇很多，如果你在家想費心弄一些抗老化的餐點，可以參考我所寫的沙拉和醬汁，加上含油脂魚類和溫熱的穀類如昆諾亞。對於醋的功效，我建議用檸檬和萊姆來取代，畢竟這兩樣水果促進內分泌的功能已被證實。如果一定要買醋，注意要挑有機的、非小麥製的、非過份發酵的、蘋果醋之類的購買。在每餐前先吃過一份田園沙拉，再向你最愛的蛋白質前進。非吃澱粉不可也要挑蛋白質豐富的穀類。

現在你對所有的飲食法都瞭若指掌了，或許你正想著怎樣在生活中實施；下一章就讓我們來看看更多天然的營養補充品。

選擇適合的飲食法

一旦選定一種飲食法，請將之視為生活的飲食指南，而不是非照吃不可的菜單。

‧一天的開始以新鮮檸檬汁加熱水，來喚醒肝功能。

‧先吃水份最多的食物，以此類推。

‧少吃一點，節省消化的精力在其他方面。

‧實驗證明小白鼠可以因為減少卡路里攝取量而活到兩倍歲數。

‧日本沖繩的長壽人瑞比西方人一天要少吃17%~24%。他們的百歲人瑞是任何人種都比不上。

‧一天一頓主食，兩份點心。

‧吃到八分飽就好，等個三十分鐘或許你根本吃不下了。這樣可以幫助你一天少攝取二到三成的熱量。

‧讓自己一週安排一頓流質食物，讓消化系統好好休息。自然的蔬菜湯和水果奶昔都是好選擇。

‧只吃平常食量的三分之一。

‧一週少吃幾餐。

‧晚上七點之後不吃東西。

‧進食間不喝飲料以避免影響酵素分泌。

‧細嚼慢嚥是重點，不能順利消化也就不能順利吸收營養。

‧在餐廳用餐時，你發現沒有麵食實在不行，那麼要確定你身邊有油脂：奶油、橄欖油或是帕米森乳酪等。脂肪可以有效減緩澱粉吸收，血糖上升，還有糖化反應。

第七章

抗老營養補充品

適量補充魚油

適量服用魚油對去病防老的確有功效，
尤其是對腦部特別有益。

延壽又低脂的枸杞

多食枸杞可降血壓、降血糖，增強免疫力，
所以有延緩衰老的功能。

螺旋藻增強免疫力

對超過五十歲的人而言，
螺旋藻是最佳的抗老並增強免疫力的補充品。

營養完整的蜂蜜花粉

花粉為雄花之精子，內含大量綜合維生素，
是天然食品中最齊全最完美的食品。

神祕印加人蔘：瑪卡

瑪卡含有高單位營養素以及能快速增強體能的特性，
為美國NASA太空人必備營養品。

抗老新生力軍：免憂足

免憂足是天然木瓜酵素製品，
讓你充滿精力、有彈性的肌膚，
重回青春時期的光采！

講到維他命等食物之外的營養品，我可能得另外寫一本書才能介紹詳盡。不過根據我和一位執業醫生深入談話的結論是：大部份的人（特別是老年人）吸收化學合成的營養補充劑類，效果遠不如直接攝取來自天然食物的相同營養素。所以這邊提到的營養補充劑，除了降低同半胱氨酸（Homocysteine-Lowering）的助劑之外，我建議各位服用的魚油、枸杞、螺旋藻、花粉和瑪卡等，通通都是富含生機的天然食物。一個必然的事實是：無論你吃了多少蔬菜和生機果汁，還是有部份特定營養是永遠攝取不足的；所以我個人的建議清單來自本人行之有年的抗老飲食，希望各位也納入菜單，幫你減緩生理時鐘的運轉。那些食物都是我對自己的保養機制，少了這些補充品，我的生活將有很大差別。

這裡提到的前三項魚油、枸杞、螺旋藻都是天然食物，可以補充所有種類的維他命、礦物質、氨基酸等人體所需營養；如果你吃素或是正奉行生機飲食法，這三項是基本不可汰換的。對其他人而言，更是可以取代各式各樣昂貴補品的好東西，而且是更容易消化吸收的！

●適量補充魚油

我相信大家都再清楚不過為什麼魚油會被列在這裡：許多研究均對魚油中 EPA 及 DHA 抱持肯定看法，例如，可以平衡一般膳食中，過量攝取Omega-6脂肪酸（主要來源為植物油）的缺點，提供重要的營養所需。然而要注意的是其防止動脈硬化的機制是防止血小板凝集，因此也會帶來出血時較不易止血的副作用。另外多元不飽和脂肪酸容易劣變產生自由基；若體內的營養不均衡，反而有破壞體細胞之虞。

魚油的營養

- 對眼睛有益的維他命A。
- Omega-3不飽和脂肪酸對心臟、關節、大腦的好處甚多。
- 促進免疫系統的鋅。
- DMAE（Dimethylaminoethanol二甲氨基乙醇）能防止老人斑的堆積生成，緊實肌膚。
- 含使DNA健全的核苷酸。

魚油Omega-3不飽和脂肪酸中的EPA和DHA經學者的研究與業者的推廣，成了降血脂、防癌、抗過敏、控制發炎症的仙丹妙藥。有的研究也發現魚油對控制血脂的反效果：在攝取大量膽固醇之下再攝取魚油，會升高俗稱「壞的膽固醇」的濃度，甚至加速氧化，使得LDL更容易破壞血管內皮細胞，而增加動脈血管粥狀硬化的危險。

另外還有研究指出，服用魚油期間若保持吃魚習慣，膽固醇的降低就非常明顯。如此看來，魚肉中的其他生理活性因子，及海鮮本身的營養價值（如完整的蛋白質及微量營養素等）才是促使 EPA 及 DHA 發揮生理作用的關鍵。因此美國心臟學會鼓勵大家吃魚，卻沒主張補充魚油製劑。有人在大吃大喝之後，會來一、兩顆魚油，認為吃過魚油就不必節制飲食，這就是受到誤導的結果，相當危險。

適量服用魚油對去病防老的確有無庸置疑的功效，尤其是老年人的

腦部：根據倫敦大都會大學的人類營養和大腦科學協會（Institute of Brain Chemistry and Human Nutrition）的腦科專家麥可·克勞馥（Michael Crawford）教授的說法：「DHA對大腦的重要性，如同鈣質對骨骼的意義一樣。」

　　如果負擔得起，盡量購買品質最好的魚油來吃。便宜低價的魚油品質多半不穩定，甚至含有化學成份和毒素。品質純良的魚油一般是液態的，但我個人意見是：很難完整吞嚥下一整匙，那會讓我想起小時候被媽媽強迫吞食鱈魚肝油，那種腥臊難嚥的痛苦──儘管目前的我對媽媽充滿感激！

　　那是兩種不同的東西：魚肝油雖然和魚油一樣有維他命A、D，微量的EPA和DHA，但那是不夠的！畢竟肝是解毒的器官，魚肝油多少還是含有會危害人體的毒質。魚油來自魚身，有較多EPA和DHA，而且目前沒有聽過任何問題。我建議的服用量是一天至少兩顆1000毫克量的魚油膠囊，多吃無益。

●延壽又低脂的枸杞

　　枸杞果又名枸杞子，紅潤甘美，味同葡萄，可作果食。以中國大陸寧夏、甘肅省產的為最優。枸杞可分為三個部份來使用：枸杞葉可用來泡「枸杞茶」飲用；紅色果實「枸杞子」可用於做菜或泡茶；枸杞根又稱為「地骨皮」，一般當作藥材使用，因此稱得上是物盡其用。而且長期食用枸杞或飲用枸杞茶，也不會有副作用。

　　根據研究，枸杞果實和根葉含甜菜鹼、多種不飽和脂肪酸、維他命

B1、B2、C、胡蘿蔔素以及微量元素鈣、磷、鐵等，甜菜鹼有抗脂肪肝和保護肝臟的作用。多食枸杞有降血壓、降血糖的功效，還能使機體T淋巴細胞增加，增強免疫功能，所以有延緩衰老、耐老的功能。這些可愛的小小紅莓果實是如此多效用，難怪又稱為「快樂莓」（Happy Berries）。一天一小把枸杞子，讓你開心延壽又低脂！

小小的枸杞子營養豐富，可以取代抗氧化劑A、C、E，維他命B1、B2、B6，21種礦物質如鋅、鐵、鈣、硒等，也是低血糖的補充品及安眠藥，更可以替代紫錐花（Echinacea）、牛奶薊（Milk thistle）及忘憂草（St. John's wort）發揮作用。

螺旋藻增強免疫力

螺旋藻（spirulina）是我外出時不可或缺的良伴，只要簡單六顆就足夠應付人體一日營養所需。特別是全力衝刺工作所需的精力，也都可以獲得完整補充。對超過五十歲的人而言，螺旋藻是最佳的抗老並增強免疫力的補充品。即使為了方便食用是以人工方式加工成粉末或藥丸型態，但那還是我認為最為天然的保健食品。

螺旋藻是種藍綠色的水藻植物，雖是低等生物，不過含有豐富的植物性蛋白質（高達68%）。在其所含的十七種氨基酸中，具備人體所必需的八種氨基酸。螺旋藻還含豐富的維生素A、E、B1、B2、B6、B12等，以及鉀、鈣、磷、鎂、鐵、碘等礦物質。其中鐵的含量是其他食物的十二倍，β－胡蘿蔔素比胡蘿蔔的含量還高出十倍以上，故有促進人體新陳代謝、調整體內酸鹼度的作用。此外，螺旋藻還含有大量的葉綠

素，為普通蔬菜含量的十倍以上，故可促進淨化血液和造血。

由此可見，螺旋藻有這樣與眾不同的健康營養價值，確實能增強人的代謝免疫、體力耐力；即便是對有慢性病症如心臟血管疾病、肝病、糖尿病、腎病、皮膚病、內分泌系統失調、貧血等的患者，都是有幫助作用的。

除了所提到的種種營養，由於螺旋藻的細胞壁中纖維素含量極少，故不需經過加工即可被人體消化吸收，其消化吸收率高達86%以上，對兒童、中老年人和病人都是很理想的功能性營養食品。

如果這樣大自然的奇蹟食品還不足以說服你，下面有一些食用螺旋藻的功效，可以讓你大吃一驚：

⊙減肥：螺旋藻作為減肥食品在美國、歐洲等國家已成風潮，方法是在進食前三十分鐘或一小時服下數克螺旋藻，即可抑制食欲進而使食量減少，從而令身體不缺乏營養又可減少熱量的攝取而達到減肥目的。

⊙精力耐力與持久力：螺旋藻屬鹼性食品，對保持人體血液正常呈弱鹼性、消除疲勞有特效，對提高運動員的耐力、爆發力、促進運動員機能有明顯的效果。有不少國家已指定為運動員的必用或專用營養品。

⊙恢復力：藍藻蛋白能提高淋巴細胞活性。淋巴系統的一般功能是保持人體組織的健康，保護其不受癌症、潰瘍、血栓和別的疾病的侵襲。可見藍藻蛋白不僅能在局部對付癌症，還能通過淋巴系統全面增強機體的抵抗力。所以慢性疾病患者多吃螺旋藻好處多多。

⊙對老年人的身體保健：在日本螺旋藻消費者的73%是五十歲以上的人，其中57%是婦女。有調查數據顯示當地老人食用螺旋藻，45%是針對特定病症，28%用來保持身體健康，12%用來作為營養補充。在針

對特殊病症的人中，22%為了血糖，15%為了眼睛，14%則為解除便秘。日本的老年人不把螺旋藻看作一項短期措施，而是為了保持長期的健康，其結果是他們的醫藥費比美國人低得多。

　　⊙皮膚健康：螺旋藻的β－胡蘿蔔素可減輕婦女經前綜合症，長期服用有去除臉部老人斑和黃褐斑的作用，目前已廣泛添加到美容食品中。愛美的人別忘記補充螺旋藻。

　　⊙骨骼健康：螺旋藻的鈣質含量比任何天然產品都高，多吃對骨質不錯，比較不會骨質疏鬆。

　　夏威夷產的天然螺旋藻是採用夏威夷海平面600公尺以下的海洋深層水培養出的優等有機螺旋藻，蘊藏著奇妙又特殊的營養物質，也是品質最純正的螺旋藻類。進食後或進食中配溫水吃六顆，或是加入飲料中，最適合的飲料是柑橘類果汁如柳丁汁一類的。其實還有不少藻類對我們人體的好處甚多，但是在有限的預算以內，我只有推薦自己定期食用並且深深體會到其中益處的種類。

●營養完整的蜂蜜花粉

　　蜜蜂花粉含多種營養成分，各成分含量均衡總量遠比一般食品為高。早期曾為花粉壁極為強韌，可否為人體消化吸收問題，一直引起爭議，如今已有生物檢定報告證實：不但可以被消化，且消化率80%以上。花粉對人類營養均衡及身體健康頗有助益，嚼起來滋味也不錯。

　　一天吃一茶匙或是加入蜂蜜以溫水沖開，一天所需的微量元素就通通足夠了。花粉為雄花之精子，內含大量綜合維生素，是天然食品中最

齊全最完美的食品；而工蜂在花穗裡擷取花粉，是倚靠前中足協助放置於後足間的花粉籃裡，在不傷害花粉的同時，帶回蜂巢作爲蜜蜂之糧食及製造蜂王乳唯一不可或缺的原料。當你吃蜂蜜花粉時，等於直接吸收到完整的植物養份。

花粉的成份包括氨基酸，而部份以游離氨基酸的形式存在，可以直接被人體吸收。其必需氨基酸約爲牛肉、雞蛋的五至七倍，維生素含量比蜂蜜高一千倍，可說是一種天然的多種維生素濃縮物；而亞油酸和亞麻酸，占不飽和脂肪酸的60%以上，此外還含有豐富的微量元素等。上述營養成份對人體新陳代謝都有重要的調節作用。不過花粉中含有招致過敏的成份，最好從少量食用開始，每天一點點。這些金黃色的細粒對你的身體幫助，將在持續食用三個月以後明顯看出。

● 神祕印加人參：瑪卡

瑪卡（Maca）是秘魯國寶級的一種人參級草藥，生長在南美洲安地斯山區海拔四千公尺以上的高原上，日夜溫差達三、四十度，長期冰雪覆蓋有時又雨水全無，乾燥異常，不但沒有肥料，連最基本的氧氣都極爲缺乏。生爲高冷十字花科植物，瑪卡可供食用的地下根部份碩大似蘿蔔，不過不像它在英國的親戚捲心菜、包心菜、甘藍之類的，瑪卡含豐富的營養成份和微量元素。

數千年來瑪卡一直被印加人看做是安地斯山神賜的禮物；也被用來當成祭拜山神的祭品。由於當地環境十分惡劣，食物也極度缺乏，當時印加人除了將之當成裹腹的食物之際，意外發現它可以增加體力、增強

耐力以及抵抗疲勞的功效；印加人就靠著瑪卡補充能量，軍隊個個體格強壯，並建立了空前絕後的印加大帝國。

瑪卡果實長在地底下幾公分的地方，遠遠看去就像是在天地交會之處。在這麼惡劣的環境下依然能夠存活下去，必須要能儲存巨大的能量並吸收天地之靈氣方能結果。而果實採收後土地必須休耕十年，經過飼養動物堆肥後才能再種。

瑪卡含有高單位營養素以及能快速增強體能的特性，如今已逐漸充斥國際市場；在美國營養品市場上最具知名度的兩項產品「人參及銀杏」，也比不上瑪卡竄紅的知名度。美國太空總署將之列為太空人執行任務的必備食糧，因為在那麼重要且危險的太空任務中，必須經常保持體力、維持頭腦清晰及反應能力在最佳狀態。

對中老年人而言，瑪卡幫助我們身心重獲精力，還有促進生殖力和性慾等，連女性更年期的荷爾蒙失調問題也得到改善。對於解決疲倦、壓力、失眠等長期困擾我們的問題也很有用。最最重要的是，它很溫和安全——舒緩很多我客戶的更年期症狀如熱潮紅、陰道乾涸等。對我們這些步入中年的女性而言，變成不得不吃的保養品。

一天吃一到二匙，可以加在蘋果汁、小紅莓汁、鳳梨汁中，用果汁機打個幾秒；或是灑在早餐穀片裡，或加在湯裡；也可跟我一樣，加在新鮮優格裡，混合枸杞和花粉，一大早食用，讓你健康滿滿，活力多多！以上都是我所推薦的抗老食物，各位可以視需要和預算選購其中的產品。

●抗老新生力軍：免憂足 ─────────

我還想分享一個大補帖給各位，它幫助我度過一次又一次疲憊和虛弱的經期。你或許會考慮一年吃個幾次，讓自己免疫力強化、肌膚緊實滋潤。那是近年來在報章雜誌，得到史無前例褒獎頌揚的抗老補品——免憂足（Immun'Age）。它被形容成鎖住青春的奇蹟，但這奇蹟貴得嚇人。

免憂足是粉狀補品，成份是百分之百天然木瓜酵素製品（FPP，Fermented Papaya Preparation），保證讓你充滿精力、有彈性的肌膚、皺紋減少、重回青春時期的光采！在媒體報導下，宣稱有許多好萊塢的藝人和英國的演員歌星等都吃過，而且不間斷接到迴響。

免憂足是個特別讓人信賴的營養品，在背後有超過三十個科學家的實驗證明背書。在日本已經風行十餘年，在法國也頗受歡迎——這兩個都是護膚美容行業最發達的國家。這原料是來自木瓜，緩慢發酵幾個月後，木瓜會乾透，之後再研磨成粉狀。這樣高度抗氧化的植物營養素粉末，可以直接噴在嘴裡融化（最好噴在舌頭下），再吞下去。這也是我出門在外非帶不可的補給品之一，方便攜帶又容易服用。

科學家發現到這樣的木瓜發酵製品，含有對抗人類老化的主要元兇——氧化的壓力或是免疫能力退化的成份。研究人員發現當將木瓜和特定種類的酵母菌混合，加以日本傳統的發酵技術釀造，天然木瓜酵素製品免憂足就生成了。你應該會想起類似的釀造發酵技術，應用在我們熟知且常吃的味噌和天貝（tempeh）等發酵食物上。天然木瓜酵素之後便經過嚴密精確的實驗，證明它確實是超強的抗氧化劑，能有力增進免疫

系統，也是日本人長壽的秘訣之一。

自由基造成的氧化反應是臉部肌膚老化的第一殺手，一旦氧化反應被預防了，青春肌膚便會留步；天然木瓜酵素含有特殊有力的抗氧化物，可以更新被傷害的細胞；更新的原理是根據影響超氧化物歧化酶（SOD，Superoxide Dismutase）和含硒酵素（GPX，glutathione peroxidase），也就是系統裡使氧化自由基減少的傳統成員。到我目前所講到的抗老食物中，幾乎都不含超氧化物歧化酶，而那正是幫助我們對抗老化的高手之一。既然人會變老，主要決定在氧化的程度，那服用免憂足就正好針對抗氧防老的我們設計的。

免憂足一個月的份量就要花費四十英鎊，其實你一年只要吃個三到四個月就夠了。這個夏季，我花了五天為了一個節慶活動在外宿營，睡眠不足，傷風感冒、骨頭疼痛，過的是種嚴重打擊免疫系統的生活方式。後來我活動期間一天吃兩次木瓜酵素，等我回家時，不過像得了場小感冒一樣，很迅速地恢復過來。

以上就是我給各位建議的營養補給品。綜觀我所提的營養補充品，都是值得考慮，但並非一定要買，我本人是天天食用並且獲取足夠的營養補充。在網路和藥房，你都會發現更多的選擇。

第八章

窈窕的體態

整體外形呈現所給人的第一印象是相當重要的，
這裡說的不是外形漂亮或俊美與否，
而是平日如何從頭髮、眼睛、耳朵、牙齒、臀腿等部位
做好保養，呈現出健康亮麗的好氣色。

內在器官也要保養
身體就像一個工廠，內部擁有各種器官設備。
唯有各種器官正常運作，充分發揮相關機能，
才能常保身體健康。
我們分別從心臟、肺臟、乳房、胃腸、
肝臟、膀胱、骨骼及淋巴腺來看，
如何做好內在器官的保養。

在抗老工程中，可以在某個回合贏得不費吹灰之力的，當然就是自己身體外觀的保養工作了。只要肯用心下苦工，鞏固基本盤不是問題。以下分別從外在部分及內在器官一一介紹，究竟該如何保養才是最正確的方法。

● 健康亮麗的外表 ───────────

整體外形呈現所給人的第一印象是相當重要的，這裡說的不是外形漂亮或俊美與否，而是平日如何從頭髮、眼睛、耳朵、牙齒、臀腿等部位做好保養，呈現出健康亮麗的好氣色。

● 頭髮保養

隨著雌激素的分泌減緩，我們的頭髮變得稀薄，髮質粗糙缺乏光澤，所以白髮正是人體老化的代名詞。倫敦髮理學家協會的總理約翰‧曼森（John Mason）解釋：髮量減少的主因之一，是甲狀腺素運作遲緩所致；這點通常可以透過礦物質碘的補充來調整。雖然我還沒有發現一個可以完全抑制白髮生長的辦法，但是用小麥草汁洗頭是個不錯的秘方：一共要花二十一天讓小麥草汁發揮功效，所以記得要多點耐心。

螺旋藻減少掉髮

要刺激毛髮生長，螺旋藻是個好幫手。它讓我已然豐厚茂密的頭髮還有指甲長得更快了。甚至白髮冒出頭的生長週期，由原本的一個月延

到六個星期。螺旋藻已經含有足夠的鉀，你還可以再加一點海草補充品或是海帶製品在食物中，有助甲狀腺運作強化髮質和指甲。蕁麻葉茶含豐富維他命C和天然矽，對頭髮生長有相當程度幫助。多吃點芽菜，任何幼苗狀蔬菜（包括小黃瓜），含二氧化矽成份的都對掉髮有預防功效。

蛋黃可護髮

對護髮而言，蛋黃可謂第一聖品，因為富含卵磷脂還有幫助髮質細胞強壯的氨基酸。盡可能用數個蛋黃取代日常使用的護髮用品，重要的是在釋放出營養素之後，要冷水沖洗乾淨。

接骨木花鎖住水分

將接骨木花（Elderflower Water）茶包浸在溫水裡，然後用這盆溫水來滋潤修護洗過的頭髮。接骨木花的成份有助鎖住水份，讓髮絲的天然水份不流失。多點必需脂肪酸成份的產品更好，那是預防人體皮膚和頭皮乾燥的好東西。

檸檬汁洗去油頭

檸檬汁是個不錯的潤髮乳替代品，檸檬酸會將頭髮的油份沖掉；醋（cider vinegar）也是不錯的修補物，平衡頭髮的PH質。在500ml的清水中加入滿滿兩匙，洗髮完的最後一個步驟就是用這醋水沖頭，可以幫助髮絲柔順光亮，減少頭皮屑產生。

甘油使髮色增亮

想擁有一頭柔柔亮亮、閃閃動人的秀髮，可在半杯玫瑰水中加入一茶匙市售甘油（glycerin），噴在微濕的頭髮後梳理即可。如果可以，最好將平時用的染髮劑換成天然有機成份的。最近研究調查顯示，超過十年長期使用染髮劑的人，特別是使用深棕色和黑色，比一般人得非何杰金淋巴瘤（Non-Hodgkins Lymphoma，NHL）的機率要高於四倍，天知道還有什麼其他疾病。

● 眼睛保養

我還沒試遍所有保養眼力的辦法，不過以下的方式的確拯救我日漸退化的眼睛。參考一下，就算不能永久改善視力，也能保持現狀不再惡化下去。

1. 戒煙：煙草燃燒後的千百種毒素都對眼睛造成傷害（我的半瞎眼就是最佳證明！）。

2. 晴天帶太陽眼鏡。

3. 每天喝兩公升水。

4. 照養生飲食法吃：並且增食抗氧化成份的漿果類，例如降眼壓的小藍莓；還有含 β-胡蘿蔔素的水果類：連續三週天天飲用胡蘿蔔汁後，我的視力大幅增加，眼鏡必須重配──連驗光師都不敢相信！螺旋藻和枸杞都含有極高的 β-胡蘿蔔素，厭倦蘿蔔的人可以多幾種選擇。

5. 純化葉黃素（Lutein）與玉米黃素（Zeaxanthin）營養素也可以當視網膜中自由基的清道夫；這兩種成份在深綠蔬菜也有，如菠菜和甘

藍莓，蛋裡也有。還有更多市面不易購買到的天然產品，含有對眼睛極佳的營養：如銀杏（Ginkgo biloba）、歐洲藍莓（Bilberry，即俗稱的山桑子）等，只有在網路或特定有機食品店可以看到。

6. 每天運動可幫助攜帶有氧血液到眼部，供給老化中的眼睛細胞。

7. 顧肝，相對的肝會顧眼睛。請看保養肝臟的章節。

8. 每天用蓖麻油（castor oil）抹在眼睫毛上，有助睫毛增長濃密。

9. 快速舒緩浮腫雙眼：泡過的綠茶包敷眼是最好的良方。

10. 眼睛檢查：定期驗光做視力檢查，眼科醫生會找出更多除了視力減退之外的眼睛問題。青光眼、白內障、糖尿病、膽固醇過高等毛病，都能在檢查虹膜時看出來。

如果你的工作和電腦息息相關，試著每三十分鐘休息一下，盡可能的多看遠方讓眼睛休息。經常讓視力的焦點遠離螢幕，可以維持準度避免視力矯正。當我們試著補獵式生活方式，我們的視力長期都維持在放鬆狀態，只有在凝視遠方才發揮功效。

● 耳朵保養

大部份年老會得到的耳疾，除了失聰就是耳垢導致的重聽。我想不要天天用棉花棒或是硬物去掏耳朵（甚至戳進去），都是一般人具備的常識。大部份的醫生和護理人員都同意：用橄欖油倒進耳道去軟化耳垢，再任污垢隨著油流出是安全的。所以三週試一次這種清潔方式。長期的慢性耳疾與過份食用小麥、牛奶、玉米、蛋、大豆、糖和酵母脫不了關係。請注意抗老飲食法，因為飲食上的節制和規律可以讓你跟這些耳疾

道別。習慣聽隨身聽、耳機之類的朋友們請把音量調低，還有常上舞廳、酒吧等音樂震天響的也一樣要注意耳力，該是帶耳罩來保養耳膜的時候了！當然，這樣的決心會隨著年齡而增強。

● 牙齒保養

我們有三十二顆牙齒，如果不想在年紀一到時換上醜陋的整副假牙，必須小心翼翼呵護保養。隨著老化，支撐牙齦的肌肉也跟著鬆弛。我的牙醫告訴我，人們掉牙，導致要帶假牙過活是肇因於牙周病（Gum

牙齒保養小秘方

· 糖果會破壞牙齒的琺瑯質，請戒口。
· 糖分高的水果和果乾對牙齒的威脅跟糖果沒兩樣。
· 煙草裡的化學物質、煙、焦油會讓牙齒堆積黃垢，還有身上散發難聞氣味。
· 呼吸中帶臭味有可能是耳朵、鼻子或是喉嚨出問題。如果你有這樣的困擾，也吃過類似殺菌劑來改善消化問題，常用溫鹽水漱口會有幫助。
· 咖啡和茶都對潔白牙齒不利，一天限量一到兩杯。
· 可能的話，刷牙同時多多按摩牙齦幫助排毒，還有促進血液循環。
· 半年給牙醫徹底檢查一次，三個月去家庭醫生那邊檢查身體。
· 如果牙齒已經黃到一個程度，考慮去漂白吧！許多開架式的潔牙產品都在超市或藥妝店可以買到，或是詢問牙醫的建議。
· 維他命C有抗氧化功能，也對牙周病有療效，所以請多吃水果。

disease）和牙齒爛光了。照著抗老飲食法，我們的牙齒不會爛光，因為多纖食物可以幫助清潔牙齒。不健康的牙齒會導致不健康的身體，因為無法適當咀嚼食物，使身體吸收不到足夠養份。

　　不用牙線潔牙對你會有致死的影響。希望這樣聳動的警告讓你精神一振。我的牙醫警告我：如果存在牙齒和牙齦中間的殘渣不清除，這些發酵的細菌會順著血液直達心臟，造成病毒性心臟疾病。通常在牙周病發牙齦開始出血時，才會有這樣的危險。但危險就是危險，特別是中年之後抵抗力變弱，不可不慎。刷牙之前習慣用牙線清潔過，一般我們會累得直想虛應故事，趕快上床，使得刷牙變成漏洞百出的工程。

● 臀腿保養

　　所有的女人都會抱怨她們的大腿贅肉和橘皮組織，除非我們都有心跟瑪丹娜一樣致力健身，否則那些徵狀都是無法避免。我個人以為那些都和手臂的蝴蝶袖一樣是新陳代謝不良的毒素累積，並非單純脂肪。肥胖細胞喜歡和毒素為伍，一起堆疊在大腿後側臀部下方。看看那些妙齡女子，她們固然有的是穠纖合度的身材，但在大腿會有橘皮組織的，應該多是老煙槍或是靠垃圾食物裹腹。

　　除了節食之外，還可以靠運動來改進我們的臀腿外觀。運動的種類很多，如果你把目標鎖定在肥胖的大腿上，最好是選擇一種以鍛鍊雙腿為主的運動。因為活動大肌肉（大腿和臀部肌肉）可以增加熱量的總燃燒量。鍛鍊大腿和臀部肌肉的最佳運動是步行、騎自行車（包括室內自行車）、越野滑雪、爬樓梯等。

專家們認爲跑步能消耗脂肪，但對腿粗臀肥的人來說，他們可能會覺得跑步很吃力、很不舒服，不想堅持下去。因此，把步行和跑步相結合是一個好方法。以步行爲主，途中作幾次短距離跑步，每次跑步一兩百米，習慣後，逐漸把跑步的時間延長。

游泳是很受歡迎的健身活動，如果想在游泳池中運動雙腿，可在淺水的一端跑步，或穿著救生衣在深水的一端做跑步動作。水的阻力會使雙腿活動比較費力，卻不會比在地面上跑步那樣須承受較大的震盪，因此是減去腿部和臀部脂肪的好方法。

當我們年過四十，那些賞心悅目但不實穿的高跟鞋等，就對著我們的雙腳敲起喪鐘。根據足部專科醫生寶琳‧寇德威（Pauline Caldwell）表示，那些腳指頭內側腫脹、指甲增生、雞眼和起繭等雙腳問題，都是因爲我們長期將腳擠進不合腳的窄鞋裡。而隨著年齡增加，體重過重也會造成腳掌壓力過大；肥胖者更可能會讓腳踝乾裂，甚至出血。

由於腳是離我們頭最遠的，我們會越來越看不到，一方面是距離，一方面是心理根本忘記要照顧這雙腳。有可能是小腹擋住我們向下的視線，也或許是我們身體已經沒有那麼柔軟，可以彎下腰來仔細看

燃燒脂肪的妙方

· 不喝含氣泡的飲料，即使氣泡水。氣泡讓細胞肥大充氣，造成浮腫。
· 試試海帶裹身的燃脂法，美容沙龍表示，幫助流汗排毒保養一小時的即時效果是可預見的。
· 淋巴排毒的手法（MLD，Manual Lymphatic Drainage）是很溫和的按摩方式，一堂課就可以秀出效果來。跟居家鄰近的美容沙龍諮詢一下吧！
· 定期的芳療按摩也有助於排毒減肥。
· 洗冷水澡。

看雙腳的情況。

　　在專業的美容沙龍做足部護理是風尚，但所費不貲。但我現在固定到一家有專業證照登記的手足內科診所，去處理我指甲向內生長的問題。定期去拜訪這些專業人士是我抗老計劃的一部份，讓我的腳ㄚ子永遠處於乾乾淨淨的狀態。任何年過四十的女性要多愛自己一點，就是要定期去向外尋求助力，尤其是有慢性疾病像糖尿病之類的人。

◎內在器官也要保養 ──────────────

　　身體就像一個工廠，內部擁有各種器官設備。唯有各種器官正常運作，充分發揮相關機能，才能常保身體健康。讓我們分別從心臟、肺臟、乳房、胃腸、肝臟、膀胱、骨骼及淋巴腺來看，如何做好內在器官的保養。

●心臟保養

　　動脈就是我們實際年齡的寫真。年過四十我們都感受到心跳減緩20%，因為心臟幫浦已經慢了下來，心血管變窄、動脈壁硬化，有四成以上的人過了中年血壓竄高。女性在更年期前15%比男性的膽固醇低，但之後問題嚴重性就沒啥不同。

　　心血管疾病專家說要多注意動脈的累積情況，可預防老人癡呆症。我們需要乾淨清徹的動脈血管，幫助攜帶養份給人體，讓我們活得健康有活力。

● 預防心臟疾病小祕方

· 多食用富含葉酸的豆類，預防動脈血管堵塞。

· 少吃紅肉，素食者罹患心臟疾病的機率比肉食者少三成。

· 確認自己吃了夠多的排毒食物，足以保護心臟、腦部和皮膚。

· 一天吃一瓣新鮮大蒜，可以幫助減低膽固醇。

· 卵磷脂也有助預防油脂堆積在動脈壁。

· 減少不飽和脂肪的食物，如乳酪、豬油、牛羊油、培根肉和人造脂肪
  如乳瑪琳等。

· 崇尚清淡口味。加太多鹽在食物裡會讓你血壓升高，甚至中風。

· 魚油Omega-3不飽和脂肪酸中的EPA會預防高甘油三酸酯血症，保持
  血管壁的彈性，降低血壓。

· 多喝綠茶。

· 多做運動以減輕壓力。

● 肺臟保養

呼吸空氣是自然不過的生理反應：一分鐘十六次，一天吸入一萬三千五百公升的空氣。但是大部份的人都沒做到深層呼吸，也就是說我們天天每分每秒在進行的，是無法提供細胞足夠氧氣的呼吸法。但呼吸與年齡有直接關係：年紀越大就越需要含氧的空氣，供應含氧血液給人體各部份。學習瑜珈呼吸法是當下必須學會的，仔細看相關章節並且立刻

開始實行。一旦呼吸到足夠氧氣，我們的肺臟會幫忙攜帶氧氣到血液裡去，運作肺臟的同時也做到保養維護。

● 乳房保養

　　乳癌是現代女性最主要的致命死因，一個月可以有上千個死亡病例。然而一般大眾也逐漸接受，有三分之一的癌症死亡病例是可以預防並且控制的。許多專家研究後證明，部分的生活模式改變可以減低患癌機率，而這些改變不外乎我們熟知的：健康的生活方式，包括節制飲食、少飲酒、避免吸煙、規律的運動和減輕壓力等。

預防乳癌

- 完全戒煙。
- 動、動、動！一週至少運動三到四小時。
- 學習瑜珈或太極，並認真將之視為殺時間時做的減壓活動。
- 自來水煮沸後飲用、少吃紅肉和乳製品；減少多餘的雌激素和荷爾蒙，那些食物通常含殘餘化學成份和激素。
- 一週不喝酒超過兩次。
- 永遠遵照抗老飲食法，因為那也是抗癌的飲食法。
- 減肥，並且努力不復胖；乳癌患者多半肥胖。
- 不吃過鹹或加醬油過多的食品。
- 固定自我內心省視，加強意志力。
- 乳房外觀有異狀立即就醫，多注意自己的胸部。

● 胃部保養

消化道是一條長長的管道自嘴巴到結腸，與皮膚肌肉一樣，這個系統的運作會因為老化而易出問題，許多人在年過四十五到五十五歲之後，因為消化酶的分泌量減半而開始出現消化不良的症狀。

以下有幾點護衛腸胃的小提醒：

1. 脹氣：出現這樣徵兆時，最好解決之道是暫時不要再進食；禁口可以先行清理腸胃，就讓自己錯過幾道美食吧！

2. 咀嚼：將食物盡可能咬碎，想像自己磨碎十五到二十下；咬的越多下，對人體的消化吸收越有利。

3. 試著服用消化酵素或是在餐前吃一些苜蓿芽沙拉，這樣當身體的分泌不足時，只能藉助外力。我帶著我的消化酵素兩個月跑全世界，沒有一天出現脹氣或便秘的困擾。你可選購含鳳梨酵素的產品，那對中老年人的身體最好。

4. 當你感到緊張和有壓力時，先別進食。壓力對消化系統運作有很大的影響，會導致消化吸收有問題，進而產生毒素，不如先喝杯新鮮蔬果汁或是帶營養的流質食物。

5. 進食中少喝水，那會消化不良。

6. 用完餐後休息最少五分鐘，靜靜坐著休息，什麼事都不做。

7. 清早起床喝點熱水或檸

鳳梨酵素的妙用

鳳梨酵素（Bromelain），從鳳梨中得到的濃縮酵素，據稱可以溶解阻塞血管而引起腫脹的纖維素沉積物，可做為消炎輔助劑。

檬汁，幫助消化器官甦醒過來。這對體質由酸性轉為鹼性也好。

8. 如果胃部肌肉遲緩或不正常，找到適合自己做的柔軟操，且早晚認真的做。

● 腸道保養

腸道是重要的器官，有六呎長，直徑有兩吋寬。人體消化吸收完整後的殘渣必須定期排出，否則累積在人體就會形成毒素，長久下去健康就大打折扣。但人到了中年，不好消化的食物經年累月堆積在腸胃，使得腸管滿是類黏蛋白（mucoid）和過高血小板，導致血液粘稠，產生血栓，造成血管阻塞，腸道蠕動緩慢。

改善便祕小祕方

晚上睡前吃一小匙金黃色的亞麻子，因為份量足，所以要多喝水以便消化吸收。到了早上，這些消化成凝膠狀的種子不會立即排出腸道，反而會像掃帚一樣慢慢的清理腸壁的廢棄物。所以盡可能每天都吃。

便祕和其他腸道問題幾乎都來自壓力、過份節食和液體缺乏。腸胃需要足夠水份去推擠、排出人體的廢棄物。一天拉個一到二次都算正常，看看我們的貓和狗就知道，人體的排泄循環不要超過24小時，如此一來才不會同時有二到三餐食份量的食物堆積在腸道。食物在消化完畢後囤積在大腸發酵，不定時排便就會造成不斷放臭屁、脹氣或是水桶腰。許多脂肪值比例正常的人都是有良好的消化系統，能順利的排出幾餐份的腐臭廢物，把富含微生物菌種的殘留通通自體內清除。

晚上睡前吃一小匙金黃色的亞麻子，因為份量足，所以要多喝水以便消化吸收。到了早上，這些消化成凝膠狀的種子不會立即排出腸道，反而會像掃帚一樣慢慢的清理腸壁的廢棄物。所以盡可能每天都吃。我有幾個深深被便祕問題困擾的客戶，自從吃了亞麻子做到體內環保之後，他們通通沒有這問題了。其實通便的產品有很多，像瀉藥之類的，對於便祕的問題都可以獲得解決。但沒有像亞麻子一樣的豐富營養：維他命E、Omega-3、鋅等。保養腸道的方法很簡單，多吃新鮮天然的食物，補充乳酸菌和活寡糖以幫助消化。

● 肝臟保養

雖然我們的肝是如此脆弱珍貴，但肝臟卻是人類身體器官中唯一有再生功能的。就算失去九成肝臟，它也會自我調節讓功能在六週內恢復正常。肝臟是身體內以代謝功能為主的一個器官，並在身體裡面扮演著去氧化、儲存肝醣、分泌性蛋白質的合成等等，稱之為人體的化工廠並不為過。每天所攝取的食物經過消化之後，大部份的產物都會直接進入肝臟，再藉由複雜的生化反應，產生足夠維持身體正常運作的營養素。同時，肝臟也對化學藥物、食品毒素、代謝廢物、酒精代謝等進行解毒作用。因此若是肝臟受損，對健康的影響既深且廣。

對自己給予禁口和節制飲食的制約。你很可能根本吃不了那麼多，不妨趁此機會給自己來杯顧肝飲料，或一大杯水、檸檬汁加熱水、生鮮蔬果汁等。如果你真的食慾大到難以控制，那麼讓餐點裡多一點生菜（或蒸熟），特別是十字花科植物，諸如花椰菜及甘藍菜等，都可改善肝

- 黑眼圈
- 肝斑、老人斑
- 皮膚生癬或乾癢
- 臉色發黃
- 消化不良
- 水腫
- 下腹腫脹

- 便祕
- 頭痛
- 血糖不穩
- 腦袋不靈光
- 過敏
- 閉尿
- 手腳發燙

代謝毒素的效率，以致可抑制降低我們罹患癌症機率。我猜想那或許正是聖誕節大餐中少不了重要的佐菜——甘藍菜的緣故。糯米也是中國菜中一道顧肝的食材，所以可以在早晨吃一點，慢慢消化。

其實顧肝的食物有很多：蕁麻葉茶、蒲公英茶、大蒜、新鮮嫩薑、薑黃、洋蔥、枸杞、卵磷脂、種子或堅果油、橄欖油、亞麻子、甜菜根、紅蘿蔔、菊苣、水芹菜、柑橘類、牛奶薊，平日可以多食用以保養肝臟。盡量早點用晚餐，不要拖到半夜才就寢，如此一來肝會在最佳時機充分發揮解毒功能——晚上十一點到半夜三點。另外，酒精類對肝的傷害很大，飲酒作樂偶一為之無妨。

● 膀胱保養

大小便失禁的問題困擾20%的老年女性，就算我們都清楚總是特價的隨身護墊內含大量化學成份，悶熱不透氣也對身體不好，我們還是不

願承認自己有這樣難以啓齒的毛病。其中的狀況有幾種：漏尿、頻尿、混合徵兆等。

⊙壓力性尿失禁或應力性尿失禁（Stress urinary incontinence，SUI）

當運動、跑步、抬重物、咳嗽、打噴嚏等腹壓上升，此壓力傳到膀胱，壓迫尿液流出尿道口，表示尿道括約肌力量不夠。

⊙急迫性尿失禁（Urge urinary incontinence，UUI）

在膀胱儲滿期或儲存期，膀胱逼尿肌會不自主收縮；漏尿量很大，可能排空膀胱內尿液，影響睡眠。容易有此症狀的人是高齡者（六十歲以上）、神經疾病患者（如中風、帕金森氏症）、多發性硬化症、脊髓受傷及膀胱口阻塞，如前列腺肥大症等。

⊙混合型尿失禁（Mixed incontinence）

同時罹患壓力性尿失禁及急迫性尿失禁。其他關於膀胱的問題還有膀胱炎與尿道感染之類的問題。有四分之一的女人在這一生中會遇到這樣的問題，常見的原因多是排尿後擦拭尿道口不小心，使得原本生存在腸道內的細菌感染。這些病症患者有的會不斷復發，甚至有併發症——因為她們的性伴侶不斷的傳染給她們。

對於這樣的情況，我所能給的建議就是：

1. 永遠由前向後擦拭下體。

2. 性交前最好排尿。

3. 預防便秘產生，多吃含健康活菌的新鮮優格，或含益生菌飲品。

4. 一天喝兩次含預防發炎症成份的蘆薈汁，一次一大湯匙。

5. 一天最少喝兩公升水。

6. 盡量避免酸性或柑橘類水果如檸檬、橘子、番茄或奇異果等。

給膀胱無力者的建議

- 練習骨盆肌的收縮，還有括約肌的運動。你的健身教練、瑜珈老師或是皮拉提斯運動的指導者都可以幫你確認你的姿勢是否正確。
- 排尿時，試著間斷幾秒再繼續，這都有助於骨盆肌肉強化。
- 減肥。過重會給膀胱多餘壓力。
- 少抽煙、少喝酒。
- 吃花粉。我現在不太有頻尿的問題了，除非外出購物完喝杯咖啡之後跑跑廁所。
- 不要因此減少水的飲用，那對腎臟正常運作是很重要的。那不是利尿劑但也不會造成尿道刺痛。你膀胱會漸漸習慣規律排尿，只是水要接近室溫再喝，不要喝冰冷的水。

7. 少碰酒精類，特別是白酒、白蘭地、香檳，因他們所含的酸性成份有害健康。

8. 蔓越莓果汁（不含糖）可抑制大腸桿菌黏附到尿道上皮細胞，降低感染機率，協助減輕病患不適的感覺。

9. 減少咖啡和糖份的攝取，不但對你的膀胱有所助益，也能更加確保身體的健康。

10. 發作的時候，喝一點碳酸蘇打水，幫助尿液呈鹼性。

還有一種情況是頻尿：就是在尿液未滿之際，你卻一直有尿意，甚至上完廁所也一樣。有關這個徵狀，幾乎是困擾我一輩子之久，以致朋

友都笑我膀胱容量特小。上頁有些建議針對膀胱無力如我，當然，在問題很嚴重的時候，你還是得求助於醫生。

● 骨骼保養

骨質疏鬆的問題困擾三分之一的女人，光是在英國就有四十個致死病例，一年有二十萬根骨頭折斷。這算是隱性的疾病，因為在病發之前不會有半點徵兆，一直到病入膏肓患者才知道。年過三十，我們的骨骼便開始脆化；到中年便開始疏鬆和易碎，我們的臀骨、手腕、手肘、膝蓋等，日常頻繁運作的部位就因此更加危險。

過份節食對骨骼會有一定的傷害，高蛋白飲食、過度運動、酒類飲料過量等，都是造成骨頭病變的原因。而女人過了更年期和雌激素停止分泌之後，鈣質的缺乏是個值得注意的問題。如何避免骨質疏鬆症呢？適當運動加上飲食加強鈣質補充是唯一的辦法，溫和的慢跑比激烈的快跑更適合。

● 淋巴腺保養

淋巴系統又稱免疫系統，功能上可分為兩大部份：免疫功能與周邊組織液再回收功能，分別由淋巴組織及淋巴管系統負責。前者負責將周邊組織液回收並送至淋巴器官中過濾，而淋巴器官及分散於全身各處的淋巴組織，則根據所接觸非個體所有的抗源予以製造相對應的抗體，或直接攻擊外來物達成免疫的功能。

而在淋巴管中淋巴液流動的方式與靜脈類似，藉由組織運動時的產生壓力以及瓣膜控制其流動的方向，達成組織液回收的功能。這跟需要心臟幫浦似驅動的血管大不相同，一旦脖子或頭部的淋巴阻塞，我們整個人看起來是黯沉疲憊、鬆垮老態的。一般而言，水腫是淋巴腺不通暢最直接的徵兆。這裡有一些活絡淋巴腺的秘訣，讓你看來生機蓬勃、神采奕奕，最重要的是甩掉蝴蝶袖和大腿贅肉。

1. 只要深層呼吸二十次，就可以有效活化淋巴腺。

2. 在沐浴或淋浴前乾刷皮膚，可以促進淋巴和血液循環。

3. 冷熱水交替洗澡來刺激淋巴組織。

4. 一天運動二十分鐘，就算散步也好；淋巴運作會有全然的改善，上下坡走走路都是有助益的。

5. 在健身彈簧墊做彈跳運動，一天跳上跳下五到十分鐘。這是找回地心引力的好玩運動，在彈跳到最高點時你是無重力狀態，下墜時的重量是原來的二到三倍，淋巴系統的流動就在這樣的運動中獲得保養。

6. 在游泳池或海水中跳躍。

7. 定期去享受按摩。

8. 多泡溫泉，在spa池中的衝擊水柱對淋巴流動很好。

9. 減輕壓力和放鬆心情，壓力是造成淋巴腺滯礙難行的兇手。

下一章我們就朝最重要、也最直接顯示出我們老態的部位——臉部前進吧！一起看看該如何用天然的方式留住青春。

第九章

從臉開始變年輕

殲滅肌膚老化殺手

陽光是造成肌膚老化的頭號殺手，

因此防曬工作不可少。

其他像壓力、睡眠不足、空氣污染、急遽瘦身等，

也都是肌膚老化，失去光澤彈性的因素，

要從平日就加以預防。

認識安全的美容醫學

進步的醫學美容方法不斷推陳出新，

除了整型手術以外，

你可以選擇更安全自然的自然拉皮法、

及永久性自然拉皮法，

「駐顏有術」不再是神話！

居家保養DIY

整型手術或醫學美容所費不貲，

其實平常居家就有許多平價又有效的保養方式可供選擇。

定期去角質、勤擦滋潤保養品、敷臉、按摩等，

居家護膚DIY一點也不難。

誰不想看起來更年輕些？現階段的美容科技已經進步到讓一切變得稀鬆平常，隨性地臉部皮膚整修，或是用針筒注射物品進去，都如同牙齒美白般沒啥大不了：三十二歲的女人會趁午休時，施打肉毒桿菌；而四十歲的女人已經到要作全臉拉皮的地步。保養品護膚的步驟自九〇年代中期起不斷進化，鉅細靡遺的程度是過去的三百倍以上，而且還有繼續衍生的趨勢。

對臉部進行外科拉皮手術，完全不是防老第一選項。有不少自然、非自然的生化產品，可以讓你臉皮不動刀，卻能達到如同拉皮的緊實效果。從在家裡自己動手做，到我本人親身試驗過等種種護膚法，通通在以下章節列出供各位參考。我們已經談論過自內而外著手進行抗老駐顏，現在一起來看看直接由外到內的青春活化方法有哪些。

臉部皮膚是由正常的健康皮質細胞與受損的表皮細胞組成，後者每一天會進行汰舊換新（死去後剝落），由新生的健康細胞取而代之。當我們剛脫離母體時，在嬰兒時期這樣的循環約莫一個月可以完成；但是到了六十歲，新陳代謝速度減緩為兩倍時間，膚質自然呈現黯淡無生氣。過了更年期，雌激素分泌大量減少導致皮膚變薄弱。皮膚對於保濕或製造膠原蛋白的功能也漸漸變差，所以眼袋、下巴、臉頰的肌膚鬆弛等，都隨年齡成長接踵而來。

我們的臉部肌膚跟身體其他部位一樣，若不運動，很快就會失去該有的緊實性。接著是偉大的地心引力，讓這些鬆弛的肌肉下垂、皺紋加深；尤其是你習慣皺眉縮鼻，會讓速度更快。所以開始微笑吧！在遠離整型手術的前提下，著手去進行任何可以拯救皮膚老化行動。

● 殲滅肌膚老化殺手

造成肌膚老化的原因有很多，陽光便是頭號殺手，因此防曬工作不可少。其他像壓力、睡眠不足、消化不良、空氣污染、急遽瘦身等，也都是肌膚老化，失去光澤彈性的因素，要從平日就加以預防。

● 陽光是頭號敵人

肌膚老化的原因除了年齡，最主要就是陽光。日光浴對於肌膚老化要佔90%的責任，照射陽光會讓人體產生大量自由基，破壞柔軟、支撐肌膚的膠原纖維（看看你那很少曬太陽的屁股就知道），甚至比原來年齡多老化二十歲。皮膚科醫生不斷大聲疾呼：人工日光浴床對皮膚的傷害遠大於自然的陽光，因為大量的UVA波光會增加皮膚癌生成機率。

保護皮膚的小常識

· 避免烈日曝曬，特別是上午十一點到下午三點間。
· 遠離人工日光浴床。
· 預防曬傷。
· 寶貝臉部記得外出戴帽子。
· 擦防曬油，係數要在15以上。
· 皮膚的痣若有變形或顏色變化要立即去看醫生。
· 如果你屬於蒼白膚色或是有雀斑，請格外當心。

另一方面，陽光也是人體主要的維他命D來源，對健全骨骼功能極為重要。近年來的研究報告也顯示，適度的陽光照射有助人體產生抗癌機制的細胞。這個理論解釋了為何住在緯度較高寒冷地區的人們，比較容易得大腸癌、乳癌、前列腺癌等，這些居民維他命D攝取多半不足。整體而言，我完全同意教授所言，至少一天花十五分鐘讓自己沐浴在太陽光下。

事實上，對於防曬乳的使用也有過爭議：其一是防曬乳液中的化學成份，可能對人體有直接傷害；其二是有學者認為過度保護皮膚擦上防曬用品，反而使之負擔太大，缺乏陽光刺激，皮膚會更容易下垂生皺。公道自在人心，但我本人認為防曬乳有太多防腐的化學成份，不如用天然產品自己調製，一樣可以達成SPF15的防曬功能。如果你想要用看看澳洲衝浪者使用添加氧化鋅的防曬劑，記得多少加一點含冷壓法（未經加熱直接壓出）的非精製維他命E油：如胡桃油、摩洛哥亞根堅果油、特級初榨橄欖油之類的，防曬之餘也能滋潤修護敏感的皮膚。

記得特級初榨橄欖油所含的天然多酚，還有豐富維他命E嗎？2000年，日本科學家實驗證明在曬後的皮膚塗抹上這樣的油，可以有效預防皮膚癌。在日本神戶大學醫學中心的科學家，對基因改造過的無毛白鼠抹上橄欖油；結果表示能夠延遲皮膚腫瘤產生，甚至縮小腫瘤尺寸。英國《科學週刊》（New Scientist）也報導過腫瘤會變小、復發頻率減緩，同時也紓解陽光對肌膚細胞DNA的傷害。歐洲女性自上個世紀就使用橄欖油護理皮膚，自從我讀了相關資訊後也開始跟進。

● 遠離毀壞肌膚的幫兇

⊙抽煙：上千種毒素累積在燃燒後的菸草中，製造大量的自由基使皮膚老化產生皺紋。抽煙使得血管窄化，肌膚缺氧；長期吞雲吐霧的傷害就更不用說了。

⊙睡眠不足：減緩角質剝落與膠原產生的循環，熬夜及不正常的生活作息，會干擾正常的新陳代謝與內分泌，無形中加速了營養的損耗，也促成了皮膚的老化。睡足六到八小時可以確保肌膚自然光采依舊。

⊙壓力：是人體主要的老化元兇，只要看看渡假完的你是多麼神清氣爽。第十章會有更多減壓運動的介紹。

⊙空氣污染：居住在城市中讓你看起來比一般人老五歲，空氣中污染的浮游物含有的自由基數量之多，超乎你的想像。有個紐西蘭病理學家曾告訴我：都會區居民的肺臟情況跟個癮君子差不多。不過來個養生的減重兼定期去角質多少能減輕症狀，跟我一樣住在海邊就更棒了！

⊙急遽瘦身：如果要減重也不要減得太快，減肥過快最立即的後遺症就是皮膚的鬆弛與彈性下降。

⊙不當的節食：營養素攝取的缺乏，還有拒絕服用抗氧化產品，這樣不老也是奇蹟了。

⊙消化不良：消化不良影響吸收的問題，在前面章節已經講過。

⊙缺乏必要脂肪酸：所有我見過忽視吸收必要脂肪酸的減肥者，看起來幾乎都比實際年齡老十歲以上。這些基本的必需脂肪酸會豐潤細胞、使肌膚持續光澤。

⊙飲水量少：皮膚老化就是因為細胞缺乏液體，應注意水份的補充

以促進肌膚的機能活化，協助廢物排除。

⊙沒有定期運動：表示沒有含氧量豐富的血液提供給肌膚，做必要的正常更新。

⊙淋巴與肝功能不佳：之前都有詳細討論，特別注意那些忠告。

⊙呼吸短淺：跟運動量不大的意思是相同的。含氧不足的血液是無法提供細胞足夠養分的。

⊙中央空調：在暖氣出風口附近擺一杯水，增加空氣中含水量。

⊙咖啡、酒精和任何含咖啡因或糖份的飲料：造成細胞脫水與蛋白質高度糖化，血管與皮膚硬化。專家比喻過量飲酒或酗咖啡的行為是自製皮革面具。

●認識安全的美容醫學

進步的醫學美容方法不斷推陳出新，除了整型手術以外，目前還出現更安全的自然拉皮法、及永久性自然拉皮法，費用昂貴、但效果好且不需要動刀，許多貴婦熟女更是趨之若鶩。（編按：本書作者提出其接受療程經驗給讀者參考，建議讀者依自身需要、並在所在地區法律許可範圍內進行。）

● 暫時性自然拉皮法

「駐顏有術」在現代社會是每個人都可以做到的，不必動刀的自然拉皮法俯拾皆是。每間美容沙龍、大街小巷的護膚中心都提供非侵入式的

拉皮法如：電波美容儀療法（CACI，computer aided cosmetology instrument）、法國居諾長效拉皮法（Hydra-Guinot，利用Guinot一系列針對熟齡肌膚設計的保養品使用）、法國凱伊黛專業抗皺療程（Carita Pro-Lift）等供愛美人士選擇。

坦白說，我幾乎全部試過，費用昂貴但值得。因為至少要六到八星期時間的療程才能看出功效；一堂課程起碼要50英鎊（編按：一英磅約等同63~65台幣），完成一期療程後還得花一個月去維持提拉緊膚的狀態。但這些費用遠低於真正的整容外科手術，成果卻更自然不留痕跡。重點是看起來還像原來的你，只是更年輕。

此外還有一種針灸拉皮法，包含穴道按摩與針灸。這些針刺是為了刺激穴道氣流的能量，還有臉部特定血路的活絡。療程的步驟包括臉部施針，之後再用溫和的小針滾筒（gentle derma roll）滾遍全臉促進血路循環，最後再用秘方的回春精油按摩舒緩。大約二至三堂課就可以看出效果，不過建議至少做六到十堂。許多專業針灸師認為這樣的療法是長期有效的，特別是你遵循正常健康的生活作息，還有注意節制飲食、體重控制，效果更加相輔相成。

● 永久性自然拉皮

我們唇邊那出雙入對的法令紋是人臉部最長的類直線，也是最讓我洩氣的部份：深刻的法令紋通常來自下垂的雙頰，因此唯一解決的辦法就是拉緊肌肉，也就是拉皮。不過我最近發現一個方式可以不動刀，完全自然。

這種一針見效的終極療法由美國德州生物技術公司研發，稱為「自體膠原蛋白」手術（Isolagen，又稱「自體纖維母細胞移植術」，最初始於燒燙傷患者的臉部美容），用過此法的女性試過一次，有七成五沒再試過其他方式。

這是利用我們本身健康的纖維母細胞（fibroblast，是一種控制體內膠原蛋白和彈力蛋白多寡的微小細胞，存在於皮膚、骨骼和其他組織中），再置於實驗室中培養，然後注射到皺紋處，纖維母細胞會自動修復受傷部位產生療效。而且只要注射兩次，皺紋撫平程度可以達到七成。

神奇的是，我們可以在年輕時先行儲存細胞，到老年時再使用。我試過用來注射新生細胞在我的胸部，不是豐胸，而是拯救我那長期不穿內衣，和年輕時不懂事過份日光浴造成的斑點和線條。過程痛到不行，但是效果卻也好到讓人沒話說。這是非常健康、經濟、安全的方法，非常值得考慮，特別是如果你剛過四十不到六十歲，年齡剛好。這個療法目前已經成功做過一千兩百個病患，並沒有任何副作用或是可怕的失敗例子被報導。英國有近百家診所提供這樣的療法，費用大概是三千鎊左右。（編按：此法仍處於人體實驗階段，美國食品暨藥品管理局尚未核准該商品上市，僅歐洲地區有實驗性質的合法療程。）

注意安全及合法性

各式美容醫學方法不斷推陳出新，建議讀者依照自身需求及預算考量，找合法的皮膚科醫師診療，才會安全有保障。

●居家保養法DIY

整型手術或醫學美容所費不貲，其實平常居家就有許多平價又有效的保養方式可供選擇。定期去角質、勤擦滋潤保養品、敷臉、按摩等，居家護膚DIY一點也不難。

如同我們所知道的，臉部肌膚與身體其他部位一樣，需要運動來保持彈性和良好狀態。坊間有太多書和影片，介紹該如何臉部運動來達到抗老的效果。在家自行調製護膚品也是一個不錯的辦法，特別是這些成份都是來自家家戶戶的冰箱庫存，或是五斗櫃裡的備品。

果酸護膚

果酸護膚使用的 α 羥基酸（AHA，Alpha hydroxyl acid）可以輔助治療粉刺、發炎性青春痘及毛孔角化症，對於去除老舊角質及幫助角質代謝也稍有效果。所有柑橘類的果汁、新鮮優格、葡萄汁、草莓、消化酵素中都含有這些果酸成份，你可以選擇使用。

在臉上輕拍上你的選擇，停留十分鐘後以清水洗淨。注意避開眼唇部位，敷面時、以及之後數小時要避開陽光，否則你可能被灼傷！（編按：使用果酸保養，請確定自身膚質適合與否，並最好在晚上使用）當心其中較刺激的成份，譬如會帶來刺痛感的檸檬汁。至於目前很普遍的消化酵素錠，我的作法是壓碎（液體包裝就不必）再加點水調勻，用法是一樣的濕敷再洗掉。

去除角質

　　定期去角質可以幫助清除堵塞毛細孔的老舊細胞，還有助促進新細胞生成。在去除臉部角質的同時，可以順便清一清身體，特別是手肘和腳踝的死皮最為頭痛。天然去角質品有：磨碎的種子如芝麻等、燕麥、粗鹽、花粉、海草灰、卵磷脂細粒等。你可以拿個小碗把天然去角質品和你喜愛的基底油混合，或是購買坊間的去角質產品，一到兩週處理一次即可。

滋潤保養

　　以下提到的油類都是可以用來抹在全身的，不限臉部。因為富含維他命E和Omega-3，不只滋潤皮膚，還可以幫助抗氧化。

　　⊙亞麻子油：含豐富Omega-3不飽和脂肪酸，是我最愛的回春按摩油之一。

　　⊙摩洛哥亞根堅果油：可以在進口商品店買到很好的混合油，有高皂素可以清潔皮膚還有維持皮膚細胞年輕。

　　⊙葡萄子油：無臭無味還有長效保濕及不油膩的特性，溫和滋潤。

　　除了我的前三名選擇之外，還有許多不錯的油如：荷荷葩油、甜杏仁油等等你可以選擇，這些油脂不僅可以按摩

如何正確用保養油

· 臉：最佳使用時機是睡前，或是在寒風中外出前。

· 身體：沐浴或淋浴後三十分鐘使用最好。

· 指甲：加入檸檬汁，一週浸一次十五分鐘可以強化指甲。

和敷用；在寒冬中為避免乾燥，也可以在家中泡湯時加入幾滴，讓你有溫泉水滑洗凝脂的美妙感受。

最近街頭巷尾最熱門的就是各式各樣的藥妝店，我們的青春痘、粉刺、皮膚問題，還有抗老化產品都可以在開架上的產品，或是後面專業藥劑師的櫃檯獲得解決。其中許多合格的含藥物成份護膚品，不必透過皮膚科醫生就可以立即購買，使用十分便利。

購買時要注意其重要成份，讓你在掏錢之餘，確實達成抗老的功效。同時也要注意品牌的信譽；價位不代表一切，但既然花了錢，就希望達到最好的效果。此外你也需要認識保養品成份，例如：橄欖油多酚（polyphenol）可減少自由基對細胞的傷害。維他命E對皮膚健康有幫助。DMAE（Dimetylaminoethanol，一種抗氧化的細胞膜穩定劑）有緊膚專利，減少嘴唇周圍的深紋及細紋，使肌膚變得更加緊實。磷脂質（phosphatidyl）可支撐皮膚細胞。維他命C可幫助膠原蛋白生成、硫辛酸（alpha lipoic acid）可幫助抗氧化等。

抗老精油

⊙純玫瑰精油（Rose Absolute）：玫瑰精油的效果自古即備受推崇，並深受女性喜愛。它精緻高雅的氣味至今無法被人工合成得一模一樣，因為它具有三百多種成份，其中有許多仍然未知。如果只打算買一瓶抗老精油，就買這瓶！

⊙安息香精油（Benzoin）：緊緻膚質。

⊙沒藥精油（Myrrh）：對下垂的皮膚有拉緊的效果。

⊙乳香精油（Frankincense）：幫助皮膚更新。

⊙檸檬精油（Lemon）：刺激新細胞再生。

⊙薰衣草精油（Lavender）：家家戶戶幾乎都有一瓶這樣的油；不要忘記它對皮膚的好處也很多。

以上列出的精油，都可以加在平常滋潤或按摩時用的基底油裡使用。調配比例是30ml基底油加兩滴精油。（編按：使用各類精油前，請先確認自身是否會過敏。）

天然化妝水

完整的護膚步驟絕對少不了緊縮毛孔的化妝水，以下有幾種非人造化合物的選擇，可以輕易在家家戶戶的冰箱、壁櫥、巷口的小藥房或藥劑師那兒取得。例如金縷梅化妝水（Witch Hazel）、玫瑰花水、檸檬汁、小黃瓜汁、非濃縮流體蜂蜜（稀釋後當面膜敷臉，靜置五分鐘後清水洗淨）、蛋白（打兩顆雞蛋取出蛋白，塗抹全臉，靜置五分鐘後清水洗淨）。玫瑰水可促進皮質細胞更新，是極佳化妝水。維他命C可幫助膠原蛋白再生，對豐潤嘴邊和唇部功效不凡，記得選擇液態的包裝購買。維他命E是最重要的抗氧化成份，針對單純不加大豆油的液態包裝選購。螺旋藻粉可增加肌膚緊實度，富含維他命E、硒、鋅等完整抗氧化劑；所含葉綠素與酪胺酸（Tyrosine，胺基酸的一種）能將氧氣注入細胞內，形成完整防老網絡。

在家做臉部護理；這裡有幾個實用的面膜配方，可以幫你省點事：

1. 取一個新鮮酪梨搗成泥狀，加入一到兩個海草灰或葉綠素膠囊拌勻。在臉上、頸部、手背抹上厚厚一層，在不沾水情況下泡個熱水澡。這坨糊狀混合物含有豐富的礦物質、抗氧化物，還有幫助肌膚活化的維他命E。

2. 混合半杯亞麻子油、兩個海草灰或葉綠素膠囊、滿滿一茶匙卵磷脂顆粒或蜜蜂花粉、一顆新鮮檸檬榨汁和半杯玫瑰花露水。將和好的膏狀物放在冰箱冷藏，作為參加派對前敷上的醒膚保濕面膜。

3. 礦物質豐富的海草灰或葉綠素，加少許水調合敷臉，可以重現肌膚原有的明亮光采。

4. 躺下來、把小黃瓜切片鋪在臉上。這些天然養份含有豐富的氨基酸及黏多醣體等多種活性成份，具有舒緩安撫、收斂平衡等功效。

5. 用綠茶包來敷眼睛可消腫。用熱水沖開，以湯匙將茶包撈起瀝乾，在溫度可接受的時候放在眼皮上，抗氧化的成份可以讓疲倦的雙眼回復自然光澤。

6. 護膚後在臉上噴稀釋後的檸檬汁，有助於淡化細紋，增加彈性。

回春按摩法

以下由一位臉部針灸師茉莉亞·漢柯克（Julia Hancock）整理出來的回春按摩，方法簡單可以每天做。首先要調製基底油和個人喜愛味道的精油，然後儲存在深色玻璃瓶或密封容器。一回合約五分鐘，把頭髮綁起來，再用雙手掌溫熱按摩油，確定份量足夠抹遍額頭和頸部。

⊙觸摸法：雙手摩擦溫熱後，自脖子開始向上輕拍按摩，注意手心都要跟皮膚密切接觸到，就這樣再做一次：從脖子到臉和額頭，這個按摩幫助肌肉和皮膚細胞養份的吸收。如此重複五次。

⊙嘴部按摩：右手中指和食指按壓上唇，左手中指食指則是下唇；輕輕按壓，再循著嘴型慢慢跳動按摩，注意呈現連綿不絕的彎曲弧形按去，如此雙手會呈對比的移動。從雙唇中央開始，繞一圈回到起點。這能讓嘴部肌肉運動，減少皺紋和緊張。重複十次。

⊙眼部按摩：使用雙手中指的指尖緊貼眼皮，以按壓轉圈的方式來按摩雙眼。這樣頻繁的按摩可以促進血液循環、減輕浮腫，還有雙眼乾澀疲憊的問題。

簡單保養小妙招

以下是我本人每天的保養方法，如果按照這些步驟加上個人任選的天然護膚品輔佐，只要二至三星期就可以讓你的皮膚獲得明顯改善。

1. 先抹用含消化酶（digestive enzyme，酵素的一種）的去角質霜，停留五到十分鐘活膚清淨，再清水沖掉。
2. 熱毛巾敷臉幫助毛孔張開。
3. 在臉上潑冷水或是用玫瑰水擦臉以助肌膚緊緻。
4. 最後塗上含必須胺基酸（EFA）的潤膚液。
5. 頂級自製滋潤保濕霜：半杯亞麻子油、半杯玫瑰花露水、30滴純玫瑰精油、30滴維他命E。

⊙額頭按摩：雙手放在雙眉上，中指延著髮際輕按，以眉心爲中央放射狀按壓，直到整個額頭部份都按摩到了。在緊繃的地方多加強幾次，動作要輕，速度要慢，重複三到五次，直到感覺減壓放鬆的效果已經做到了。

⊙額頭按摩之二：雙手放在額頭，八隻手指的指尖互觸。用力但緩慢的自中央向外，用指腹的力道作放射圓弧按壓，感覺到有股壓力向外延伸。

⊙臉部：利用雙手的中指和食指在兩邊的太陽穴按摩畫圓，一開始用力重壓再逐漸放輕力道；沿著臉形畫下來直到下巴部位，繼續向上到嘴唇邊的法令紋直到鼻孔爲止。這樣的按摩一直重複做到臉龐整個完全鬆弛爲止。

⊙急救帖：如果你想迅速地幫疲倦或僵硬的臉蛋來個快速醒膚按摩，用輕點式的手法活潑迅速地自脖子點遍全臉，注意手指是直硬的，這會喚醒肌膚的血液循環和亮度。

還有時間的話，按摩完畢時在眼唇抹上維他命C成份的保養品。

但願各位有機會一一嘗試上列的居家護膚法，我是誠心分享給各位這些讓皮膚吹彈可破、加倍緊實的好辦法。如果你試著做過幾項，你會發現臉龐找回了往日生機，整個人跟著煥然一新。現在我們再往下看看除了臉孔，還有那些經典的運動可以讓我們這些老人家動動身子骨的。

第十章

運動強健體格

要活就要動

運動不但能預防骨質疏鬆
和心血管疾病、製造生長荷爾蒙，還可舒解壓力，
讓你看起來變年輕且延年益壽，
甚至可以抑制食慾，幫助減重。

哪種運動適合你

要減重、緊實肌肉、增強機能，
還要強化心臟、關節和骨骼，
你需要的是無氧運動和有氧運動的綜合活動。

簡單方便的室內運動

最適合上了年紀的女人做的運動是瑜珈、
走路和西藏的五個修行式，
簡單又可以全天候在家做，
而且對長壽健身的益處多多。

古希臘名醫希波克拉底說過：「勤有益，嬉無功。」（To rest is to rust and to rust is to decay）大哉賢者！他說的一點沒錯，要維繫一人的聲譽不墜，就是要戰戰兢兢努力不懈。大部份的人，認為運動的重要性僅只於幫助關節靈活、心臟與皮膚活力，並不知道我們可以做更多來讓生理時鐘停留，永遠不顯老。

研究調查顯示，人體基礎代謝率（BMR，basal metabolic rate）指一個人要維持基本生理機能的最低熱量值——當年過三十便會大大下降，連

> ### 人體基礎代謝率
>
> 人體基礎代謝率（BMR，basal metabolic rate）指一個人要維持基本生理機能的最低熱量值。年過三十後便會大大下降。

同人體的瘦肉肌比例（lean muscle tissue）。整個結果是指脂肪除外體重（LBM，lean body mass）降低，而體脂肪卻大大上升了。這悲哀的事實告訴我們，如果我們不努力健身節食，並且每十年瘦個三公斤，來應付新陳代謝率減退2-5%的比例，那麼我們在四十五歲會莫名其妙重了六公斤！不僅如此，骨質疏鬆也可能隨著鈣質缺乏，還有不結實肌肉增加接連而來。

好消息是只要健康肌肉增加1.5公斤，你的新陳代謝率也能進步7%，讓你變成一個精瘦有衝勁的新新人類。壞消息是如果你超過四十，甚至已過五十大關，除非一週運動四次，否則你很難好好瘦下來：本人就是一個活生生、血淋淋的例子。

來自倫敦帝國理工學院醫學系的研究更年期專家約翰·史帝文生（John Stevenon）博士表示，因為新陳代謝和荷爾蒙的變化，過了更年期的中年婦女很難維持體重（更別說要減重了！）「老女人比老男人容易

在腰部囤積脂肪，像個蘋果體型。」他說。

肥胖的腰部與心臟疾病有密不可分的關係。我們要面對一件事：年齡越長，我們更應該擺脫腹部的脂肪。「更年期過後的女性應該忌口和培養運動習慣，以維持正常體重。」史帝文生博士補充。

別擔心！你不必衝到健身房去為自己安排一週三次的舉重課程；英國人全體一年浪費最少近兩億英鎊在健身房的會員年費上，而這個數字實在沒必要再增加了！不必出門也可以找到不少可以生出肌肉的運動。我統合了三種運動在我日常生活之中，方便易作而且老少咸宜。運動不只是為了減重，還有抗老回春。以下有更多理由讓你調整自己運動時間到一週四次。

◉活動！要活就要動

所謂活動活動，人活著就要動，有動才有活力。運動不但能預防骨質疏鬆和心血管疾病、製造生長荷爾蒙，還可紓解壓力，讓你看起來變年輕且延年益壽，甚至可以抑制食慾，幫助減重。

運動變年輕

沒有運動的人，淋巴腺系統無法有效率的運作，所以毒素和廢物會殘留在身體裡，肺部和心臟也無法有效運轉，而細胞會開始慢慢缺氧，血液開始濃稠。我們必須仰賴運動來促進血液流動使養份到位、廢料排出，否則那些個別精密的小工廠便無法運作。

紓解壓力

二十到四十分鐘的有氧運動有助於分泌腦內啡（endorphins），這些快樂的荷爾蒙有助於抑制疼痛，有說法是二百倍於止痛用的嗎啡。不止如此，還可以停留在血液中至少兩小時，這是來自一個知名運動家的證實。壓力過重的徵兆如沮喪和憤怒等，都可以在運動後二十分鐘消弭無蹤。規律的運動不只可以紓壓，強化情緒療癒能力，還可以給你更多精力和一夜安眠。

預防骨質疏鬆

規律運動可以幫助骨頭維持一定密度，延遲骨質疏鬆的來臨。女性到了九十歲的年齡，會自然流失50%的鈣質，增加骨骼脆化的危險。肉體的勞動可以強化骨骼並且讓鈣質消耗在正確的地方。重量軸承訓練運動（weight-bearing exercise）如走路、跑步、上升臺階、地板俯臥撐和牆壁俯臥撐等，可能改進骨頭強度和對骨質疏鬆患者有保健作用。任何讓你起身來彎腰或運動關節的活動，都能幫助預防骨質疏鬆。

預防心血管疾病

大部份人的心血管在二十到八十歲之間會逐漸失去健康，而且是失去一半以上的健康程度。運動會讓這樣的衰老減緩，順利減低膽固醇和血壓，進而使得心臟病的機率減少三分之二。規律的有氧運動與其他緩和的柔軟運動如瑜珈，都可以有效的達到上述功能，而且只要持續三個月就可以做到。

製造生長荷爾蒙

最重要的抗老荷爾蒙就是我們的成長荷爾蒙，會在三十到五十歲時分泌減少，導致肌肉萎縮和脂肪堆積。一天就算只運動十五分鐘也夠刺激腦下垂體，去製造珍貴的青春荷爾蒙。

延年益壽

有個在美國針對五千多位百歲人瑞做的研究報告，顯示其中有人吸煙、酗酒、天天吃紅肉；也有不煙不酒的素食者，他們唯一的共同點就是每天的活動量都很大：慢跑、伐木、做愛、園藝或跳舞，每一天都活得精彩。

你可以看到這一章甚至整本養生書後，決定啥都不做，而我不會責怪你不熱愛生命！但是試問：我們之中有幾個人是每天都活得精彩的？由於標榜簡單易作的運動，所以沒有把我相當喜愛的熱瑜珈也列在這裡；但各位只要可以每天去三溫暖、蒸氣浴或是烤箱流汗似乎就足夠。總之，我們不要忘記運動還是好處多多的。

抑制食慾

半小時的輕度運動如快走，可以產生抑制食慾的腎上腺素。在決定怎樣的運動對我們最好之前，最好做幾項簡單的檢查，這裡有個簡單的計算方式來看你是否真的過重。在測過之後，你該注意的是整個數值的降低而非減輕的幾公斤。

這測量方法稱為身體質量指數（Body Mass Index，BMI）。

$$BMI = 體重（公斤）÷身高^2（公尺）$$

依據不同身體質量指數，我們可以看出自己的體重是否合乎理想：
譬如說你身高160公分（五呎三吋），重65公斤（145磅）公式是：

1.6 × 1.6=2.56　　　65÷2.56=25.39　　你屬於過重的級數

身體質量指數評量

評量	身體質量指數
體重過輕	BMI ＜18.5
正常範圍	18.5 ≦ BMI ＜25
過　重	25 ≦ BMI ＜30
你該減重了	30 ≦ BMI ＜40
爲了健康，一定要減重！	BMI ＞40

　　希望你們會跟我一樣發現，其實自己一點也不胖。頂多有點中年發福，體重過重，只是需要調節一下飲食計劃或是做點運動來減輕體重。
　　在訂下運動計劃之前，這裡有個在家裡就可以做的簡單測試，你需要準備的是一個階梯或是任何可以承受你體重的小凳子，高度約22公分即可。

1. 測試你靜止時的脈搏：在脖子或手腕的都可以，數十秒再乘以六。
2. 踏上階梯或凳子，利用左右腳輪流上下三分鐘。
3. 停下來，休息三十秒，再測一下此刻的脈搏。

結果顯示
1. 如果你的脈搏只比靜止不動時上升幾下，你處於最佳的健身狀態。
2. 如果你的脈搏比靜止不動時上升十下以上，你還算健康，有充分進步空間。
3. 如果你的脈搏比起靜止不動時上升十五下以上，建議你立即開始擬定運動計劃。從緩慢的運動開始，規律的做下去。如果你之前運動做的很少，或是運動後有不良身體反應，身體有慢性疾病或是體重屬於重度肥胖等情形，那麼在開始任何運動計劃之前，請洽詢你的家庭醫生。

◎哪種運動適合你

　　要減重、緊實肌肉、增強機能，還要強化心臟、關節和骨骼，你需要的是無氧運動和有氧運動的綜合活動。但我這裡說的可不是高衝擊性的運動，如跑步之類的，那對我們的骨頭來說壓力太大了，甚至會讓內臟異位和皮膚產生縐紋等。

有氧運動

　　有氧運動表示氧氣需求量大的運動，而且是可以有效率帶給肌肉所需氧氣的運動。我們的心臟越是健康，血液就越是迅速的運送這些氧，身體也可以達到更健康的目的。有氧運動包括：快走、跳舞、瑜珈、腳踏車、游泳、瘦身課程、健身跑步機、網球、慢跑、彈跳運動、高爾夫球、健身房器材、溜冰或滑雪、山區健行或散步。

無氧運動

　　簡單地說，無氧運動是直接使用已經存放在肌肉裡面的能量，但是這些能量只能維持很短的時間，超過了這樣的時間限制之後，肌肉內直接可取得的能量消耗殆盡，身體就必須開始使用其他能源。要記得：就算是只負重半公斤，也可以有效增加7%的新陳代謝。

　　無氧運動包括：負重快走、重量訓練、耐力訓練、任何在肢體加壓或重量的瑜珈動作、上下坡路段的健行。

有氧無氧綜合運動

　　最佳無氧運動和有氧運動的綜合活動，應該算是一邊健走一邊負重，甚至是上坡路（如果可能的話）。韋恩・里歐納（Wayne Leonard）是一位運動心理學家，他的專業建議是間隔訓練法（interval training），意思是先快走兩分鐘再慢走一分鐘。這樣會讓心跳快速上升再下降，有助於燃燒脂肪和心臟運動。

頻率與時間長度

要減肥，一週最好做二到三期的有氧運動，或是更直接的把啞鈴帶著上坡運動約一週四次就足夠了。曾有人說應該以「一天最少十五分鐘最多兩小時」為一天的運動目標，重點是要讓這個時間符合你的生活型態，這樣你的目標才有可能達成。其實最好是早上做十分鐘，午休做十分鐘，晚上做二十分鐘運動是最理想的，這遠比什麼都不做來的好。

簡單方便的室內運動

我個人認為最適合上了年紀的女人做的運動是瑜珈、散步和西藏的五個修行式，簡單又可以全天候在家做。這幾個運動對長壽健身的益處多多，要說有什麼缺點我還真是想不出來。

最IN的瑜珈

瑜珈不是那些超瘦的名流專用，他們也不一定都是骨頭可以軟到對折的地步。無論你的身材多糟，年齡多大，體重超重，或是根本不運動的人，通通可以練習瑜珈。重點只是要找到好的教室，好的師資和課程。現在坊間有許多瑜珈課程，你可以選擇適合的課程去上。

瑜珈有五千年的歷史，源於古印度文化六大哲學派別中的一系。現代人所稱的瑜珈則主要是一系列的修身養心方法，包括調身的體位法、調息的呼吸法、調心的冥想法等，以達至身心合一。我認識的一個最為精瘦的瑜珈修習者，她健康苗條而且身上沒有一絲贅肉和鬆弛的肌膚。她目前是年近古稀的七十高齡，而開始修行是四十歲的事；她平常喜歡

散步還有在週末去山上健行。

　　就算是最溫和的哈達瑜珈（Hatha Yoga）一樣可以達到健身目的，Hatha的意思為左右鼻孔，是以極度的呼吸與身體鍛鍊為主的教派，這樣的身體運動對我們的內分泌腺體有刺激維護的功效。

瑜珈的益處

緩和以下徵兆
- 壓力、失眠
- 經前症候群、氣喘
- 關節炎、背痛
- 糖尿病、高血壓
- 便祕、頭痛

增進以下機能
- 循環
- 消化
- 肌肉機能
- 細胞機能
- 下垂的皮膚

　　如果你覺得哈達瑜珈的運動強度不夠，想要暢快流汗和強度高一點的瑜珈，可以試做動力瑜珈（dynamic yoga）或是熱能瑜珈（Bikram yoga）；前者在短短的三個月內改變了我的生活和身材（一週做四個課程）。其實我不過是掉了幾公斤，但是在身材的線條上變得更修長，肌肉更結實，衣服的尺碼整整小了一號。

　　這兩種強力瑜珈是以強力的呼吸為基礎出發，在運動中造成發熱和流汗。這是綜合許多不同的瑜珈運動，包括Ashtanga Yoga是現下瑜珈派別中，最需要更大動能的一個，練習的場地要在有暖氣的教室。根據我的老師史都華・坦特（Stuart Tranter）的論點：你應該不會想在身體發

熱的時候做一些會傷到自己的動作。「我們身體越熱，我們的肌肉、韌帶、肌腱也越有彈性。」就像金屬遇冷則硬、受熱則軟而易折是一樣道理。高溫使得我們汗如雨下，帶出毒素和促進新陳代謝。

以此推斷，做熱瑜珈的同時心臟也隨之加速；身體的熱能促使我們立即的將脂肪消化轉成所需的動能。最低室溫建議是華氏75度（約攝氏24度），任何人要嘗試熱力瑜珈之前必須知道在華氏110度（約攝氏45度）時，會熱到令人昏厥的地步，請評估過後再進行。

所有類型的瑜珈運動都會訓練肌肉的持久，眾多招式大多以本身的胳膊為支撐或負重物，所以在修習瑜珈時幾乎不需要啞鈴或是其他器材，會用上的只是你的身體。找對教室和師資，持續的修習熱力瑜珈。好好讓自己出汗，心跳加速吧！

●走路，一天一萬步

噢！你該不會以為這只是在公園兜圈子那麼無聊吧？聽起來好像很累人，不過一天一萬步其實比你想像中要容易達成。一萬步的數字差不多是四英哩（6438公尺左右）的距離。買一台計步器；你會發現目標不難達到，如果你多走小碎步的話。

在五○年代人們很容易就可以達到日行萬步的目標，因為每天來來去去走很多路。我們習慣走路去商店、走路去學校、在外面遊玩嬉鬧等，因為就算我們有電視機，可以看的節目也不多；況且不是家家戶戶都有車。

英國基爾大學的約翰‧柏克萊（John Buckley）博士針對本世紀最

懶散的族群——學生來測試日行萬步計劃，是否真能有效的讓身體更健康。四個星期為一個時段，從不運動的學生被要求每天都要走到指定的步數；而實驗結果顯示不消一個月，他們的耐力增強了，身體更為精壯，心肺功能也進步3%。

根據柏克萊博士的實驗，在生活中能多走幾步，都可以有效降低肥胖指數、減低罹患心血管疾病和中風機率。如果你可以一天快走四十五分鐘，一週四次，你 一年可以瘦到八公斤之多，而不必特別的節食計劃。除了強化心肺功能，快走可以運動我們的下半身，增加骨質密度，比起跑步和慢跑來說，給關節的壓力較小。說到預防關節炎和骨質疏鬆，走路是最被推薦的運動，甚至背痛也可以預防。

有關步行的理論證明，只要速度高於一小時5英哩，就可以燃燒高於步行同樣距離的慢跑者：因為較多肌肉群被利用。走路也是比較可以穩定持久的運動，慢跑就要甩動雙臂，還要不斷的大跨步。

除非你需要專業的鞋子或是邊走邊拿啞鈴，其實散步是不需要任何特別設備和特別服裝，隨時隨地都可以進行的好運動。

多功能運動鞋

如果你真的需要在走路時增加一點運動量，我推薦一個好東西叫多功能運動鞋（multi-gym shoe）！幾年前我認識馬賽赤腳科技（MBT，Masai Barefoot Technology），從他們的鞋類獲益良多；進一步成為MBT的訓練講師，並且為布萊頓的女性定期講授健步走的課程。

MBT的鞋子藉著健身和消除橘皮組織的功效卓越，最近在英國的媒體搶了不少版面。這鞋子原本是由瑞士科學家設計專門給復健科或整型

達到日行萬步二十招

1. 走小碎步，讓你走的更多，更快達到一萬步的目標。

2. 自少開始。從一天一千步或是一天十分鐘開始。

3. 分區段達成。不要一次走上萬步，而是分成一天好幾個時段。

4. 確定你的頭和肩膀是放鬆的，這樣才會舒適地走的更久。

5. 去當地的商店購物，然後自己提回家；不要開車去大賣場，推購物車血拼。

6. 早一站下車（公車或捷運），然後走路回家。

7. 午餐後出去運動，不要馬上趴下來睡覺。

8. 去學校接送孩子或孫子。

9. 如果你玩高爾夫球，在洞與洞之間盡量快走。

10. 車停在離超級市場入口遠一點之處。

11. 當做你要趕公車一樣的快走，而不是閒晃。

12. 速度快到身體發熱冒汗，但可以交談的地步。

13. 就算住在城市裡，盡可能找個有山坡的地方健行強化心臟。

14. 走走下坡，因為你會用到不同的肌肉去承受壓力。

15. 與其帶傘，不如帶隨身聽聽聽音樂吧！

16. 穿著寬鬆舒適，還有好用的訓練器材。

17. 揮舞雙手可以訓練心臟。

18. 拿一小瓶水當啞鈴。

19. 走完路要記得做緩和的運動。

20. 按摩你所使用的肌肉。

後的病人穿著，幫助病患重新適應運作骨架、膝蓋、臀骨和腳。原意是要讓穿上鞋子的人感覺像赤腳在沙灘上行走一樣，重點是能挺身自然行走，使脊椎和關節減壓。穿上這鞋可以讓你不再重複其他鞋款的震動和壓擠，而是輕鬆滑行向前。這樣的設計非常適合年齡超過五十的人穿著，好處很多：強化肌肉、消除橘皮組織、減重、促進新陳代謝、矯正姿勢和平衡感，此外，全身血液循環也改善了。

根據健身顧問麗莎‧鄧恩（Lisa Dann）的說法，穿著MBT的鞋子運動可以消耗三倍以上的熱量，所以可以有效減重；連她母親都穿著打高爾夫球而順利的瘦身。再增加手上的重量，你就等於在健身房一樣。我通常出外上瑜珈課或是做我的日行萬步計劃時會穿，雖說價格和款式設計不是最吸引人的，不過功能取向是最優的。一般來說穿著MBT的鞋子日行萬步再加啞鈴，你其實不需要做其他更多運動了。

● 西藏修行法

我的同事諾亞‧鮑爾（Nor Power）教我這些招式，她已經修習這些運動十年多，甚至出書。除了50-100下起坐式來緊實臀部，她還有其他配合的招式來強化剩下的身體部位，但是整個做過一回合之後，她察覺到光是做完的第一天，全身肌肉比做任何運動都痠痛，所以她不得不強調這五個招式頂多只能一整套做二十一次。她利用預留的精力去感受她的背、臀部、大腿和手臂都因此得到充分的運動。這一整套運動會喚醒你的內分泌系統，還可以強化主要的肌群，是在家自己做的運動中鍛鍊持久力的好選擇，況且，這可是抗老的好運動呢！

活化能量可抗老化

西藏的僧侶在幾百年前就開始做這種運動，深信有助能量中心或七大主要氣穴內分泌腺素釋放，印度人和瑜珈信徒稱之爲七大靈輪（Chakras）。一個健康的身體裡，每個氣穴像是迅速運轉的發電機，讓生命的能量順著氣流運送至全身。如果任何一個靈輪運作速度緩慢，身體能量氣流遭到阻塞，那麼腺體分泌出問題和特定病症的產生就是無法避免的

何謂七大靈輪？

人體七大靈輪從下到上指的是海底輪、臍輪、腹輪、心輪、喉輪、眉心輪、頂輪。人體就像一個小宇宙，七輪就是人體磁場的七大運轉中心，它支配人體的能量循環，能量循環如果受到阻滯，穢氣、濁氣和邪氣便會停留在身上，導致疑難雜症叢生。人體若不健康不舒服，氣色不佳，就很難有美麗的容貌。所以要養容美顏，應從養身開始。

了。所以最快的回春方式就是讓這些氣穴正常旋轉，讓生命的能源生生不息。當所有靈輪能量都充分發揮，我們的器官、神經和內分泌就能達到健康有機的新生狀態。布魯斯・佛西斯（Bruce Forsyth）一直到七十歲依然跳著踢踏舞，他是我第一個看到敢在電視節目拿自己健康活力跟來賓開玩笑的老人家；因爲他也是這個有助身體活化（還有大腦）運動的支持者之一。

無論你對這個維持年輕的作法是否質疑，但對於長期做這項運動有助外貌青春活力，已經有不少追隨者，包括我本人。我不得不承認：做了這個運動之後，我比之前更加自信穩重，也不像原來那麼懶散了。

要達到最佳效果這個運動得天天來，一旦熟悉，一回只花十分鐘。若踏實天天做，不消一個月，你就能切身體驗身心充滿活力的效果。每個姿勢都不該重複做到二十次以上，但是我們要盡量做足這個數字，所以可以每個禮拜增加幾次，譬如說自一回合做三次開始，下週就增加為五到六次，以此類推。每個人身體情況不一樣，如果你做到一趟九次已經是極限，那麼就做九次。沒必要給自己太大壓力，畢竟我們是為了紓壓回春而做這些運動的。聆聽你的身體，以舒服為第一。

第一式

像個孩子或是苦行僧般旋轉，可能會讓各位覺得瘋狂；但那能喚醒身體各機能細胞，還能把壓力釋放出來。如果這五式你只選一樣做，就做這一式吧！

奧修療法

所謂「海爾另類療法」中的奧修療法（ayurvedic），是流傳在印度六千年的古老按摩療法，配合瑜珈的肢體伸展，加上獨特的藥草粉末和按摩油的特殊療法。

根據海爾另類療法（The Hale Clinic）中的奧修療法，多嘉・普吉特（Doja Purkit）醫生建議：若要無壓力的一天，我們應該多轉圈。「一天轉個二十圈，你根本不知道壓力在哪兒。」普吉特醫生深信我們轉圈的同時，會將細胞的壓力和煩燥重疊，告知身體這個信息進而克服壓力。

身體站直，雙臂平舉，手心向下，順時針原地打轉直到你開始頭

暈，頭一次差不多五到六圈就開始暈眩了；要注意你的雙腳齊肩開，要全力快速旋轉而不摔倒。最後站直深呼吸幾次調整心跳。

第一式

　　要克服暈眩感，可以參考舞者的辦法：視線所及選擇一個固定的標的物，身體先轉再接著轉頭，而眼睛不要離開你的目標，無論轉到第幾圈。要當心的是不要在急速轉頭中，傷害了脖子。

第二式

　　直接在地板或是鋪了地毯的地板躺下，雙手自然放在腰際，手心向下。臉部向上，雙腳抬高到跟身體呈九十度垂直。腳趾頭朝天花板指去，試著頭離地雙頰緊縮，但腰部正支撐雙腿而用力停頓數秒。將腿和頭輕鬆放下。如此這般重複你能承受的次數，重點是你在運動你的腹肌和臀腿，不是你的脖子。深呼吸兩次繼續做下去。

第二式

　　直跪在地上，雙手在後托著你的大腿或是屁股下面。雙膝打開至少十公分，向下看，收下顎，盡量將身體向後彎下，腳板跟腰部要拉近。用雙手來幫助平衡和向後彎的力量不超過負荷。停頓數秒向前伸展身體。如此這般重複你能承受的次數，深呼吸兩次繼續做下去。

第三式

　　坐在地上雙腳打開約三十公分，雙手自然放在兩旁手心向下。收下顎要拉近胸部的感覺，用雙手支撐臀部向上抬，膝蓋順勢彎曲像蝦子般拱起來。頭向下鬆弛，但全身肌肉收緊。如此這般重複你能承受的次數，深呼吸兩次繼續做下去。

第四式

第五式

　　這是難度最高的一個招式，但效果卓著。伏地挺身般趴下，但頭和上身向上抬起，使勁向後；伸展過後向下，換臀腿抬起，整個人像個倒V字形，雙手持續直直撐地。做完站起來深呼吸兩次，躺下來放鬆一會兒，直到呼吸和心跳恢復過來。

第五式

    這五種簡單的運動，能夠給予你的肌肉及腺體迅速且完全的訓練。
而且不用任何道具輔助，輕輕鬆鬆在家就可以進行。

第十一章

人生萬年青

對抗壓力

保持樂觀的態度,呼吸新鮮空氣和多曬太陽,
每天靜坐觀想,或做瑜珈的深呼吸徹底放鬆,
利用運動或按摩來紓緩壓力,重拾精力。

發自內心的喜悅

沒有比開心的大笑更可以讓你看來年輕,
同時解除壓力的了!
好好笑一場,比任何良方都有效。
那些快樂的想法會讓你氣血循環更佳,
臉色紅潤散發光彩。

創造良好生活空間

一個讓你心情大好,內心滿足,
活得健康的方式是創造良好生活的空間。
房間如同你的心,
所以記得:物品用過歸位,永遠騰出空間來裝滿快樂!

設定目標

目標要宏遠,想一些一蹴可及的目標意義不大。
你需要一些在未來會完成的夢想,
鞭策你充滿幹勁,繼續向前。

我們已經看過為了抗老應該配合外敷內用的東西，還有該如何維護保養身體的辦法。這個章節是期望能夠從全新的角度，賦予你對人生的不同看法。對於精神和心靈，我們一樣可以藉由簡單的方式來預防衰老，正如同我們用以養護自己的身體一樣。

●對抗壓力

我們都知道壓力對細胞組成的身體會有怎樣的影響，這部份正是要討論該如何對付逃不掉的壓力。有部份隨年齡增加的內分泌腺體，例如皮質醇，是會帶來壓力的荷爾蒙；大量的皮質醇會殺死大腦細胞，減弱免疫系統防禦力，同時減少肌肉量和加速肌膚老化，這正是抗老醫學裡稱它為「殺手荷爾蒙」的原因。而長期過量的皮質醇分泌，顯然是癌症和心血管疾病等生成最大的潛在導火線。

認識壓力來源

1. 人際關係：情緒崩潰的友人，鴨霸的老闆，不開心的同事，還有難搞的客戶。這些人與人之間的相處都會造成無力感和憤怒。把這些通通放下吧！這些耗盡你精力的人事糾葛，像是不斷講著自己的事，或終日念個沒完，卻鮮少閉嘴傾聽的朋友或家人。限制自己花在這些負面磁場的時間，特別是那些只會說：「男人都是混蛋」、「你辦不到的啦」等洩氣話的女性友人身上。

2. 做的太多：英國人算是歐洲人工作時間最長的，日復一日忙得連喘息的時間都沒有。沒人想在自己的墓碑刻上：「我該花更多時間在工

作上」這樣的墓誌銘！讓自己遠離緊張的工作壓力，一天至少休息十到二十分鐘幫助細胞再生。

3. 睡眠剝奪：我們都在書上看過不眠症產生的原因，後面提到的運動和放鬆的方式都有助一夜好眠。如果你無論如何必須熬夜，盡量讓自己抽空小睡個十五分鐘也不無小補。

4. 重大意外：配偶或至愛逝世，重大疾病，大手術，離婚，被裁員，或被迫中年失業等，在這樣的變動發生期間最好不要做人生的重大決定，例如喪親後不要搬家等。

西方人如我們，大多衣食不虞匱乏，也都有遮風蔽雨的場所；但我們都處於持續性的情緒和內在壓力。我們不停擔心我們的工作、人際關係和錢。我們還得擔心家庭、治安不良、恐怖份子，還有危害我們生長環境的原因等等。從來沒有任何一個年代的人要像現代人類一樣擔心這麼多！我們根本不該擔心那些我們無法控制的事物，唯一的辦法就是多關心自己而非其他人。

謹記那些破壞免疫系統的壓力來源，通通都是造成身體和皮膚老化的殺手。以下幾個建議幫助紓解壓力，讓你每天生活都健康隨喜。

保持樂觀態度

有正面樂觀生活態度的人，通常活的較久、較開心、也更健康。研究報告顯示，任何事物帶給我們的感受會因為我們的正面態度而變好。不要回顧過去或妄想未來，認真地活在當下吧！如果一天到晚幻想著未來的大餅，對現實生活草率馬虎，潛意識就會順勢帶你持續過著沒品質的生活。相對的，好好地呼吸好好地活，你的每分每秒都值得珍惜。

與其想著：「我永遠找不到停車位！」不如這樣想：「我馬上就會找到停車位囉！」聽起來很詭異，不過若你深信宇宙磁場或是全能的上帝對你的影響，你可有喝不完的蠻牛。記得永遠不忘心懷感激，常常說謝謝你。

照鏡子的時候，試著對自己的影像施咒：我會青春長壽，活的健康苗條。相信自己，絕對有效。

適量運動

我們都知道運動的重要：只要三十分鐘就好，一週五天。沒藉口說連時間都沒有吧！開始培養至少一週一次三十分鐘的運動，最好是萬步運動：每天流一點汗，幫忙排除體內毒素。如果你真的沒有時間，那麼花園的園藝工作、聽熱門音樂繞著廚房跳舞等也好。只要你身體動的夠多，讓人體放鬆愉悅的腦內啡分泌足夠就可以。任何有助於充氧血液輸送的運動都是多多益善。

走出戶外

多呼吸新鮮空氣、多走出戶外沐浴在陽光下，讓松果腺在光線照射下產生足夠的量，你將有一夜安眠。可用來作為調整時差及輔助睡眠的褪黑激素（melatonin），為松果腺分泌的荷爾蒙，也能保護細胞、加強免疫力、減緩腫瘤生長速度。

格拉斯哥大學心理系教授史黛芬妮·碧羅（Stephany Biello）正在作人體生理時鐘和睡眠的相關研究，她解釋說：「對大部份的老人而言，一天的晨曦和晚霞是對人體健康最有益處的。」或許因為年老的人

如我們都是睡眠短淺的緣故。「在日光下運動對老年人的生理運作非常好，可增長慢波睡眠（Slow Wave Sleep，SWS，即睡眠過程中的淺眠），所以相對帶給日間活動更佳績效。」

沉思冥想

冥想幫助我們內外在的活動步調慢下來——當然包括老化過程。實行冥想超過五年的人，外在看來都比一般同齡者要年輕個五歲。慣於沉思的人，比較不常上醫院就診：機率上心血管疾病低八成，癌症要低五成。

冥想有助於抗老激素生成

冥想可以幫助我們內外在的活動步調慢下來，包括老化的過程。根據醫學研究發現，冥想者的DHEA（Dehydroepiandrosterone，為體內會自然生成的抗老激素），比一般人要高的多。所以每天花個五到十分鐘冥想吧！

同時也是研究員的傑·葛雷瑟（Jay Glaser）醫生表示：冥想者的DHEA（體內會自然生成的抗老激素）比一般人要高的多。以年過四十五歲為例，比一般人要多47%。有節制飲食、運動、消耗熱量和酒精的人會更多。調高DHEA激素量有助減少脂肪、緊實肌膚紋理、滋潤調合皮膚表層、增強性慾、改善免疫力等。整體而言是能讓我們看來青春不老的好幫手。

你大可不必一天盤坐個兩小時，就算只是靜下心來冥想個五分鐘，長期下來都可以減輕壓力，消除疲勞。如果你忙得連五分鐘都沒有，那麼想想賢哲甘地（Mahatma Gandhi）智慧的言語：「每日都有如此多事務要忙，我得花兩倍時間來冥想。」

深呼吸

瑜珈的呼吸法能幫助能量的提升，還可以幫助你吸收珍貴的氧氣，兼淨化你的身體與心靈。這種呼吸法類似人體的腦部充電器，藉由這樣深沉的腹式呼吸，得以讓氧氣進入人體循環，就像我們熟知的氣功。

但是這種呼吸法我認為對抗老有用，是針對活躍腦部。人體的大腦依功能分成兩個部份：左半球掌管邏輯、語言和外形輪廓；右邊負責創造力、想像力、還有直覺。而鼻子位在臉部器官的正中間，靠近眉心及眼睛；鼻孔吸入足夠氧氣會傳達到腦部，輪流提升均衡兩邊腦部的能量。這就是靈肉合一的境界，因為這樣的呼吸可以整合神經和肌肉群，心靈跟著沉靜，也才能真正達到身心完全放鬆的效果。

如果你對冥想和抱樹不感興趣，那麼試試隨時隨地可以做的瑜珈呼吸法：在車上，在通勤的火車、捷運上、公園外，或是我喜歡的方式——在含氧的水流沖刷下做。

瑜珈的呼吸法做法如下：向陽盤腿端坐，讓脊椎盡可能端正。雙眼閉上，左手輕放在

減壓小秘方

信不信由你！只是在大樹下盤腿坐著，確定你的背舒服的靠著樹幹，就能獲得最好的減壓效果。如果你對之後章節提及的呼吸運動不感興趣，那試試樹下打坐吧！看看那能帶給你多大的平靜與踏實感。人們總取笑嬉皮牽手環抱大樹的舉動，但我總認為那帶著特殊意義。如果你如同我相信，地球上的萬物生機之間都有關聯，那麼一棵兩百歲壽命的大樹對我們人體的影響也該是確定的。就好玩的試試吧！你沒半點損失（雖然會招來路人好奇的眼光）。

左膝上；用右手拇指壓住右邊鼻孔，然後用左邊鼻孔深而緩慢的吸入一口氣，守住這口氣四秒鐘；接著用右手食指中指按住左邊鼻孔，把氣自右邊鼻孔呼出來。以此類推，左右互換。就這樣反覆做五分鐘。

你的呼吸將會變得緩慢深沉，但是要記住順其自然不勉強。當你做完一回合，用正常的呼吸方式持續盤坐一下下，再站起身。

瑜珈呼吸法的益處

- 解除壓力
- 增加氧氣吸收
- 幫助消化
- 心靈沉靜
- 充電
- 增加能量
- 純淨內在
- 放鬆
- 效果好比即時的冥想

長期定時做瑜珈和太極等運動可以減緩心臟跳動和降低血壓，壓力顯示的種種徵兆譬如焦慮、沮喪和憤怒，都可以在第一天做的二十分鐘內消弭於無形。在日常生活中規律做這樣運動的人，帶給你一夜好眠和心情平靜。

或許你對瑜珈瞭若指掌，卻對太極一無所知；那是中國式的運動，發源至今有超過一萬年歷史。大部份人在清晨工作前，會到公園去打個幾回合。打太極拳的同時也等於氣功運作中，一連串緩慢的運動中，身心靈的荷爾蒙分泌運作因此調和了。學打太極拳是我今年的新計劃，所以如果在沙灘上看到我正在練習，歡迎加入！

1.放鬆肌肉：當你緊繃時，試做這個簡單的放鬆運動。你的身體會自中獲得平靜，心情也平息下來，整個人煥然一新，跟睡了一個好覺一樣。你的擔憂和害怕會被帶走，因為心靈源源不絕的精力被喚醒，讓你可以對抗外界的阻力。當然在應付下班後，完成工作時那種被掏空的感覺一樣有效。而就寢時的入睡問題也可以處理，甚至改善背痛或是久坐在電腦前的肩頸僵硬。

在鋪著厚地毯和毛巾的地板跪坐下來，屁股端坐在雙腳跟上。雙手合十高舉過頭指向天花板，做成像祈禱的姿勢。盡量伸長手臂後俯身向前，雙手著地趴下。額頭觸地，但屁股努力拉近腳跟位置，感覺背部被拉長了。就這個姿勢保持五分鐘：放輕鬆，同時調整呼吸。慢慢坐起身，再重複向上的姿勢多做幾遍。你不但會感覺充分放鬆，臀部肌肉也因此而緊實了。

2.熱水澡：放鬆的方式有千萬種，但目前大家公認最舒服的就是泡個舒服的熱水澡。溫熱的沐浴可以讓毛細孔張開，排出汗水的同時幫助排毒，還有血糖過低的問題一併獲得解決。

我最喜歡用礦鹽泡澡，特別是含豐富鉀和鎂等礦物質的岩鹽。它不只有助細胞排毒，更可以讓體內電解質平衡。有關節炎、坐骨神經痛等痠痛宿疾的人，都應該常常泡澡，這樣面對傷風感冒等病症才會有抵抗或預防的能力。海鹽或精油也是不錯的選擇，只要能讓你放鬆還有一夜好眠。記得下水前、中、後都要補充大量水份，因為高溫和流汗會讓人體脫水。

3.遠離電視：這星期我完全沒看電視，卻意外做了許多事，讓我不禁懊悔為何不早點遠離電視機？就算早幾天也好。想要多一點自己的時間嗎？關掉電視機將是第一步。我最近讀了一篇文章，由現職是赤腳醫生的老嬉皮寫成；他在西班牙創辦一個集體農場，並且出了一系列記錄他如何經營的書，甚至發行介紹健康天然飲料的製作CD與電視節目，他在這樣忙碌的生活中依舊保持心靈平靜和無憂無慮。為什麼他能這樣悠遊自在，而我光是寫他的功績就累壞了？他有句名言說的好：「我不看電視，我有許多點子，並且忙著實現。」

但我們雙眼盯著電視螢幕，我們正暴露在比腦波震盪快二十倍的頻率裡；長時間下來，會導致注意力無法集中、神經緊張、失眠等症候。最糟的是身體會產生多餘的自由基，加速老化。不看電視的時間，你有太多更有意義的事可做。看看下面的建議，你可以怎樣利用這些空檔面對自己。

4.做按摩：定期為自己預約按摩美體的課程。你不必花大錢上昂貴的SPA，在賣場或街頭巷尾的愛盲按摩或是腳底按摩都是一樣效果。但是減壓抗老的最好按摩選擇是帶芳香療法的手法。各式各樣的精油可以讓肌肉放鬆，還有幫助血液和淋巴引流順暢。你可以選擇對荷爾蒙均衡有助益的精油，特別是消除疲勞恢復精力那些種類。

● 發自內心的喜悅

沒有比開心的大笑更可以讓你看來年輕，同時解除壓力的了！好好笑一場，比任何良方都有效。那些快樂的想法會讓你氣血循環更佳，臉

色紅潤散發光彩。正如同研究報告顯示的一樣：健康的人，通常都是快樂的人。當你心情好，身體製造的化學物質會跟你悲傷痛苦時大大不同。觀賞喜劇而不是新聞，搞笑鬧片而不是那些暴力血腥的電影，讓自己多活久一點吧！

當你笑的時候，想像你正運用全身的肌肉運動；別人會以為你是誠心誠意的笑，也會相對回報你一個溫馨的笑臉。我知道這聽起來很像唬爛，但是當你散播愛出去，那就是你會得到的相對回報。

最近我對一個歌唱課同班的同學起反感，我覺得她粗魯且面目可憎。有一次我站在她身後盯著她看，想著她多麼惹人厭的同時，想到我建議各位的正面思考法：在想法裡加入愛的成份，我馬上換個角度看她──或許她是因為肥胖和自卑，讓她滿身帶刺。奇妙的是，她忽然轉過頭來稱讚我身上的衣服好看。我們又是朋友了！當你想到任何不悅的人事，試試看這個方法吧！

做快樂的事

做你自己！跟個孩子一樣常常玩耍，激發你的潛力！別排斥做一些傻氣的事，譬如在兒童遊樂場瘋狂的玩耍。記得突然的腎上腺素分泌可以殺死老化細胞，所以還等什麼？穿上你的直排輪、去爬高山、高空跳傘去吧！在我住的城市有個跳舞俱樂部，裡面擠滿了三十至七十歲熱愛舞動身體的人，你永遠別怕太老。如果嬰兒潮已經是過去式，我猜接下來的就是六十到八十歲的老人潮，而我正是那一波人中的一個。如果你只剩一個禮拜好活，那你有什麼非做不可的事是急著去辦，以免留下遺憾的？現在就可以放手去做了。

我在五十歲的時候當背包族踏遍泰國；五十五歲時，環遊世界一周。而我只是個平凡無奇的女人。嬰兒潮中有一類帶兩種特徵的新品種：其一是年齡不能阻擋他們做自己想做的事；其二是他們不認為自己欠孩子一分遺產，他們會把錢徹底消費投資在自己身上。我聽說一個六十歲的女人花了一整年的時間，在世界各地學習各種她熱愛的舞蹈。她熱情的足跡走到古巴學Salsa，到布宜諾斯艾利斯學探戈，還有紐西蘭的庫克群島學草裙舞！

她並不寂寞！孤單星球（Lonely Planet，著名的旅遊書系列）的拉蒂夏・克萊頓（Laetitia Clapton）證明新潮的生活已經不限年輕人才能過，越來越多嬰兒潮的人嘗試這種意外之旅，還要夠刺激有趣！像她這樣的人，就算到七十四歲去爬吉力馬扎羅山或是騎摩托車橫越美國都不令人驚訝。

更多時間和精力

如果你要更多時間和更多精力，這邊有個來自頂尖人生導師康納・佩特森（Conor Patterson）的建議：當你自然睡醒時，不要賴床馬上起身；無論幾點，只要太陽已經升起（通常在晝短夜長的冬季會比較容易做到）。只要兩星期你的生理時鐘很快就會適應，少睡一會兒，你會多很多時間還有更多精力。或許你睜眼看到手錶是六點三十，你會想：「我那麼早起床幹什麼？」別聽他的！康納說：當人體清醒表示已經獲得足夠休息。他說的對！其實大部份的我們都做的到，只是在聽到這個忠告之前，我們都選擇在被窩裡多躺幾小時。

不斷進修

　　我有個朋友在四十歲事業如日中天之際，為了修得兩年MBA學位把工作辭掉。你若年輕時沒機會讀大學，現在正是你的好機會，永遠不嫌晚！我的繼父在十八歲時在牛津大學領獎學金就讀，之後的進修被戰爭、結婚、工作等瑣事打斷。他繞了一大圈終於在六十五歲拿到歷史學士學位順利畢業。他的確不斷告訴我，他沒辦法記得教授在課堂講的，但努力不懈之下，他還是拿到那令人敬佩的畢業證書。

　　不斷學習新鮮事物有助於訓練腦部運轉，讓你保持年輕。找個藝術鑑賞、外國語言、舞蹈之類的課程來上，其實成績如何不是太重要，持續的腦部刺激讓你遠離阿茲海默症，還有其他腦部老化的疾病。現在的你正面臨人生中最珍貴的空檔，又是有錢有閒，正是開始新生活的時候，千萬要把握。

撫慰性愛

　　找回你對性愛的熱情！常作愛的人比不常的人活得更快樂也更久。性愛可以降低膽固醇、促進血液循環、代謝掉腦內啡。甚至有科學實證，經常性的射精可以幫助男性降低得攝護腺癌三分之一的機率。無論跟你的伴侶一起作愛或是自慰，都對防老有一定幫助。

　　如果你沒有伴侶愛人，那為自己設定目標吧！就算你很想，但大門不出二門不邁的，誰知道你是誰。預期中的伴侶不會自天上掉下來，參加婚友社、回應報上的徵友欄、甚至自己刊登徵友廣告都是個開始。要注意預防受騙，別上當。還有，多多參加那些團體活動：跳舞、唱歌、

戲劇、詩詞、聊天室、保齡球。給自己公開露面的機會，喚醒那些想和你分享興趣的人。

別預設立場：因為我已經五十好幾，會看上我的也都是些老傢伙，或是年歲更大些的；詭異的是他們通常只對二十五歲年輕女孩感興趣。現在是老妻少夫流行的時代，千萬別拒絕那些比你年輕的求愛者。像我的接受範圍就是：只要他熱愛生命！

豢養寵物

如果寂寞還是會不時來向你問候，因為你沒有愛人也沒有真正的興趣：那麼考慮養隻狗吧！狗不會跟你抬槓，會給你預期外更多的愛，還讓你得到更多新鮮空氣和運動！

研究顯示遠離社交圈的人易患高血壓和肥胖症，養隻狗對實施日行萬步的運動很有幫助，還有些醫院讓他們的慰療犬（pro-active therapy dogs，PAT）定期拜訪慢性病患，因為他們知道這些犬類可以帶給老年病患多大的心靈安慰。貓咪、馬兒，烏龜都不錯，但狗更是寸步不離的忠心伙伴。

得體儀容

許多女人，包括我本人，過了中年就開始在外觀上帶著視而不見的態度。我不是建議各位一下子去買一堆年輕人穿的熱褲、化個流行的濃粧，變得連自己都不認識。但是我們還是有很多可以努力的，讓別人在見到我們第一眼就留下良好印象。我們應該在自己的風格和女性魅力上多下功夫，在社交界和演藝圈都有許多風韻猶存的偶像：林青霞、張曼

玉、劉嘉玲等等都是值得模仿的典範。

　　我喜歡把頭髮放下，把保養好的指甲秀出來，化上淡粧並穿著讓我舒適自在的衣服。你散發的訊息是讓人感覺你是個用心在自己身上的人，所以別人也會對你用心。這是相對付出的問題，希望每個人都正視自己的形象。

整體搭配小秘方

· 把自己當做芭比娃娃，試遍全衣櫃的衣服。找個誠心厚道的朋友當顧問，聽她對你所搭配的服飾給的衷心建議，你會知道自己怎樣穿最好看。還有拿出兩年試用期法則：看看哪些衣服是你這兩年根本就沒穿過的，可以直接丟掉，因為你根本不會再穿。試那些不確定自己是否合適的，倘若不合穿你也不喜歡，那不要猶豫就丟了吧！或是賣到二手商店去換一些現金，當你買自己真的喜歡的衣服時不無小補。

· 化妝部份，找百貨公司或零售店有個人形象顧問的，或是小姐的態度溫和不強迫推銷的。我們需要搞定屬於自己的顏色和妝容，同時不至於失血太過嚴重。另外向好的美髮師預約造型，找出適合你的髮型和顏色。

· 定期保養指甲。全國各地都有便宜方便的美甲沙龍，你不必做花俏的指甲彩繪，只要修剪和磨亮就夠迷人的了。

· 如果你帶眼鏡，請挑個俏皮典雅的款式，那會讓你看起來年輕好幾歲。

● 創造良好生活空間

　　一個讓你心情大好，內心滿足，活得健康的方式是創造良好的生活空間。如果你被某些負面的想法卡的不上不下，那你就沒有多餘空間讓正面的思考進來。對工作感到挫折，或忙的暈頭轉向嗎？看看辦公室還有你的桌面，一切都是整齊就緒還是雜亂無章？因為那些正反應出你現時心靈的景氣。一間狗窩似的亂七八糟房間，代表你的心也是。所以記得：物品用過歸位，永遠騰出空間來裝滿快樂！

創造好風水

　　將家具重新擺放會讓你還有整個空間煥然一新，因為你的生活已經重新得力。風水是中國古老的學說，講的是人處於不同空間格局——無論居所或辦公室——都會對人的運勢和精氣神有很大的影響。為了引進正向的氣流，首要就是除去障礙。雜亂的環境會製造屏障，讓負面氣流出不去，正面氣流進不來，讓人行事起居處處窒礙難行。

　　把舊東西丟掉是第一步，「留來留去留成仇」、「舊的不去，新的不來」。對舊物過度戀戀不捨，導致住家環境跟個儲藏室一樣並非好事。像舊信件、大型笨重的傢俱、待回收的舊報紙、修繕後可使用的故障物品、等著送到慈善機構的二手物品、未開封的信件、用都沒用過的新貨，便屬於可立即清理的舊物。

　　我自己也有個例子：把放置了二十年的舊版書送到義賣商店去，那些書泛黃、發臭生蠹蟲；幾天後陰錯陽差我又獲得幾本全新的再版書。那是個神蹟似的巧合，但我自此對風水之說深信不疑。當你身邊環繞的

是熟悉實用的物品，它們會創造一股正向磁場帶給你快樂、順心與成功。那些我討厭的、過期的、已經壞掉而且無法修補的、不合用的禮物、以為自己可以瘦到穿上去的東西通通可以丟掉；而有特殊意義和讓你感受到愛的、有時候會想穿或是使用、本質上是我的生財工具的東西，則勉強可以留下。

　　除了移動家具外，定期清理家具上的污漬也是重要的。另外，家中家電的電磁波和輻射線等，也有害於健康。為了保護自己，有許多你可以做的：負離子空氣清淨機、水晶礦石等等。我在書桌前放置一盞水晶燈，幫我擋掉不少惱人的磁場，讓我失眠的症狀大大改善了。坊間也有不少標榜過濾空氣的植物可以選擇種植，讓空氣清新也是抗氧化最基本要求之一。

◎設定目標

　　目標要宏遠，想一些一蹴可及的目標意義不大。就像肌肉不運動會萎縮，我們的夢想願景還有慾望，都要常常自我提醒是一樣的道理。你

需要一些在未來會完成的夢想，鞭策你充滿幹勁繼續向前，像個孩子一樣的往前衝去。

不要給自己一塊達不到的大餅，目標要是個人化而且是現在式，順便要想到進行的步驟，以便按表操課。我們很習慣在上超級市場前列出購物清單，但重要的大事是很少人會對人生寫下我想要的是什麼。

拿一張海報紙，把你的目標具體化：你想要的車、你夢想中的房子、一份理想的工作、靈修的境界、馴服的寵物、完美的伴侶等。記住！這是夢想版，是沒有限制的，在上面畫圖或貼上照片等都是令其增色的辦法。把裝飾好的夢想版放在你天天看得到的地方，不斷催眠自己。每一次我們重複告訴自己夢想的圖畫，我們大腦的路徑便因此而強化。你必須不間斷地在腦海裡綵排理想人生直到夢想實現。這裡有幾個建議步驟：

第一步：如果離世界末日只剩一星期，你會做些什麼？這個人生大哉問可以找出你內心真正在乎的事。

第二步：腦力激盪。寫下你曾經想要、目前想要，甚至於未來可能夢想要的事物。

第三步：有什麼是能讓你的心靈歡唱的事物？

心靈地圖

在我出的第一本書，我利用寫下心靈地圖讓我的讀者對我更加認識。這也同時幫助他們思考在空閒時間可以做些什麼。寫心靈地圖對你

一生中，任何需要沉思的時候都是有效的好辦法。

　　拿一張紙一枝筆，在沒有電視收音機等干擾下靜心五分鐘。在紙的中心畫一個圓圈，然後放射向外再畫個六到七個小圓圈；在中央的大圈寫下「完美人生」，然後憑直覺不多思考的在後面的小圓裡寫下你聯想到的事。之後在各個小圓繼續延伸發展直到寫出目前你的位置。例如我寫的其中一個小圓：「在天堂般的環境寫作」，然後在小圓向外再加數個小小圓：寫著整修現宅、租個好房子、自己開一間工作室等。這有點類似文字接龍，藉由一再剖析細分，最終你會找到通往夢想的路徑。

　　說到這裡，相信對於老年生活的規劃，大家應該都開始有頭緒了。我們一起看過紓發壓力的方法、注重心靈的健康、探索長壽秘訣、富足和快樂的來源。安置打理我們的人際關係、我們的家庭生活、甚至於我們的腸道系統。訂定一些在人生各層面可達成的目標，讓我們更有衝勁、活得有意義、健康並快活。真誠希望這些討論的內容，能夠對各位有所幫助，正如同我本人受益匪淺，寫下此書與所有讀者分享一樣。

—— 第十二章 ——

不服老的每一天

—— 一日之計在於晨 ——

早晨起床最佳時段是五點到八點,一清醒就該下床。
一旦習慣這樣的作息,
你會發現自己一早就充滿精力,也多出許多時間。

—— 午後悠閒時光 ——

午餐是一天裡最重要的一頓餐食,
記得準時用餐,或是不要晚於下午兩點吃。
午餐後到兩點之間休息一下,小睡十五分鐘。
下午可以繼續散步完成萬步運動計劃,
並以冥想重新找回精力。

—— 晚餐後徹底放鬆 ——

「早餐吃得飽,中餐吃得好,晚餐吃得少。」
晚餐愈簡單愈好。
餐後進行泡澡排毒,順便敷臉去角質,
再來個全身按摩,保證一夜好眠。

進行到最後一章，現在我們可以來做個總結：如何把前面提到的小提醒、秘方和抗老方法等在一日生活中逐一實踐。你或許不可能用上所有的辦法，但是當有時間時我會努力多嘗試一些抗老秘訣；當然你也可以照需求來安排適合自己的日日長春運動。找個週末心無旁騖專心在觀照自己上，思考那些我分享的延年益壽的方法，讓我們一起前進優雅的老年生活吧！

● 一日之計在於晨

早晨起床最佳時段是五點到八點，一清醒就該下床，無論是幾點；只要太陽已經升起就是一天的開始。試著立即起床的生活兩個禮拜，你的生理時鐘需要這樣的時間來擺脫賴床習慣。一旦習慣這樣的作息，你會發現自己一早就充滿精力，也多出許多時間。當你醒過來發現不過是早上五點半，但只要天亮了就是你的起床時間。大不了在午餐後打個盹，通常在第一個禮拜你會需要，之後你只有就寢時熟睡那樣的良好品質，整天都不會想睡的。

> ### 小提醒
>
> 勿忘一日1.5～2公升水，表示一小時一杯水。

每天起床的必作功課

1.喝一杯熱檸檬水：在一馬克杯份量的熱水擠進一顆新鮮檸檬汁喝下，讓你的消化道也跟著醒過來，豐富的維他命C更可以幫助體內酸性轉換成鹼性。這些都是構成良好免疫力和健康膚質的必備條件。如果你

因為昨晚睡前吃的亞麻子還沒發揮功效，想要培養便意，那麼雙手高舉過頭，讓腸道暢通，這對排便不利有補償作用。歷史上凡是蹲著如廁的民族，腸胃蠕動多少都很緩慢，好好舉高雙手吧！運動的不只是腸胃、血液循環，還有更多。

2.刷牙與刮舌：每天在刷牙前很快掃視一下舌頭的情況，你可以多了解一些自己的消化情況。培養刮舌苔的習慣等於給胃酸分泌一個起床號；舌面上千萬個味蕾受到刺激而傳遞訊息給消化系統，稍後的早點會消化得更加順利。

厚重的白色舌苔代表體內毒素甚多，甚至之前許多沉重的食物消化不良；所以清淡的早餐和蔬果汁會是此時的你需要的。使用刮舌板或是湯匙，由後向前刮去舌苔，花不到二十秒就可以擺脫那討厭的白垢，還給自己清新好口氣，何樂而不為呢？

觀察你的便便

每個人都期待是完美的：包括形狀、顏色應該是圓滿的棕色長條；如果不是，這邊有些是該注意的。

· 發白的便便表示肝功能有問題，去找醫生深度檢查。
· 豔黃的便便表示淋巴運動活躍，你可能吃進太多毒素。
· 浮在水面的便便是含脂肪太多，節制一下油脂攝取量。
· 沉在馬桶底表示高蛋白質，你需要多吃一些纖維素。
· 粗大的糞便表示可能消化的不夠，試著多咀嚼一下或是吃消化酵素幫助腸胃運作。

3.練習西藏修行法：花十分鐘練習之前提到的五種西藏修行法，讓內分泌系統運作日日如一。要達到最好效果就是天天做而不懈怠。

4.乾刷皮膚：乾刷皮膚對我們的淋巴腺有很多好處，最好使用天然豬鬃製的刷子，順著血液循環向心臟的方向輕刷，自腳底開始向上順時鐘轉動刷去，先刷身體正面直到胸部，再轉身刷腳、腿、臀部直到上背部。由脖子向下刷去，前後都是。別忘記刷刷雙臂還有腋下，臉部不刷，在脖子後面刷下完美的句點。當你刷完全身應該會覺得全身發熱，像充飽了電一樣。

5.熱冷淋浴：用熱毛巾敷臉幫助毛孔打開，在用玫瑰水淋浴之後用這條薄毛巾噴濕冷水（或化妝水）來擦拭臉蛋。如果洗頭髮，記得打上兩顆蛋黃來做天然潤絲精。洗完澡時，讓自己任冷水淋個幾秒（讓自己訓練到三十五秒）。之後再用溫熱的水沖洗幾分鐘，這樣冷熱交替的沖激對我們的免疫系統和淋巴有莫大好處。

6.淋浴後保養：抹點油來滋潤臉龐和身體，用自選的基底油和有回春功能的精油；如果你用的是天然山藥乳霜，取適量在你的身體抹勻。在臉部的細紋或深溝（還有嘴唇周圍）抹上維他命C。

7.營養早餐：兩匙泡過的枸杞或其他莓果類、一匙泡過的亞麻子、一匙花粉、一匙瑪卡粉、一茶匙卵磷脂，將這些成份加入125克的羊奶優格即成營養豐富的活力早餐。這是我的早餐菜單，奇妙的是天天吃但從不會吃膩。請盡情在養生食物的名單裡搭配屬於你的早餐組合吧！

8.開始你的萬步健走運動：無論你是正在往公司的路上、蹓狗，還是只是出來呼吸新鮮空氣，這都是日行萬步運動的開始。就從一小步開始走，你會更輕易完成這一整天的任務。在戶外曬曬太陽，讓人體製造

更多維他命D，避免骨質疏鬆，也讓內分泌系統產生更多抗老化的荷爾蒙。我天天外出散步，風雨無阻；而且沒有出去走走活動筋骨，幾乎無法開始一天的工作。一邊聽隨身聽或iPod的音樂一邊散步會是種樂趣。什麼都不聽，靜靜散步也是個養精蓄銳的好方法。脫下太陽眼鏡做做深呼吸，讓光線直接射向你腦袋，刺激一下腦下垂體或是其他腺體。

◉ 午後悠閒時光

午餐是一天裡最重要的一頓餐食，記得準時用餐，或是不要晚於下午兩點吃。下面的菜單是我在家工作時會吃的，給也在家工作的人參考。你可以斟酌多加幾種堅果仁或是加一些乳酪，讓這份餐點的蛋白質更豐富完整，甚至讓不飽和脂肪酸更多一點。如果天氣是寒冬，我還會

大份沙拉與特調沙拉醬汁

★材料：
一大把苜蓿芽、200克混合生菜沙拉葉（菠菜、芝麻菜、水芹菜等）、一小個酪梨、生的紅蘿蔔或甜菜根磨碎、一點心匙的混合種子

★醬汁：
一茶匙橄欖油、2-3茶匙Omega-3和Omega-6油（如亞麻子油或大麻子油）、一小瓢檸檬汁、一小瓣蒜頭壓成泥、一小匙芥末、一點鹽（海鹽或岩鹽）

★做法：
將所有材料放進大碗裡攪拌均勻，把醬汁調製均勻再淋在菜葉上。

再加上一些熱呼呼的昆諾亞，讓這份沙拉更豐富些。進食間吃六顆螺旋藻膠囊、兩顆降同半胱氨酸的錠劑，還有兩顆一千毫克含量的魚油。

午後必作的事

用餐完畢後到兩點之間休息一下，人體的生理運作在此刻都會減緩下來，褪黑激素也會分泌來輔助睡眠。小睡片刻，約十五分鐘，這樣的短暫午睡不會打亂你的作息，或是造成晚上睡眠品質破壞。

1.午後散步：不要一吃完飯就睡午覺。午睡之前要記得讓消化功能適度運作。你可以來個飯後散步，多走幾步路，五到十分鐘都有助於消化。

2.午茶點心時間：拋開咖啡配蛋糕。一個蘋果、泡過的堅果類（胡桃、榛果、薄殼核桃）、一杯熱綠茶。現在又是該運動腸胃的時候囉！

3.繼續散步：逛逛公園，欣賞一下櫥窗，慢慢走回辦公室。努力完成一日萬步運動的目標！

4.進行冥想：脫掉鞋子，盤坐在地上；如果你無法挺直背脊，可以靠在椅子或牆邊，只要你的背是直的，雙腿舒適的盤著。手心向上，像個空碗似的輕放在雙膝上。閉上雙眼，全身放鬆，想像眉心的白色靈光。

自在的呼吸，但開始規律的注意呼吸的速度；不要企圖

冥想小秘訣

1. 以一天冥想五分鐘開始。
2. 找一個視線集中的東西如花朵、樹、蠟燭或是雕塑。
3. 穿著輕鬆不拘束的便裝。
4. 如果你覺得很吵可以戴耳塞。
5. 面向東方，雙眼緊閉。
6. 用心觀想在眉心印堂有一抹靈光。
7. 如果你覺得有幫助，可以聽聽New Age的心靈音樂。

擾亂它，只是觀察頻率。讓這樣的律動成為你自己生命的節奏。如果心中開始浮現雜念，想像這些想法都像泡泡一樣破掉。然後回來繼續觀照你的呼吸韻律。這樣的專心冥想需要時間練習，越早開始也越容易掃除這些雜念。冥想終止時，安靜地坐一會兒，讓思緒回到現實中。心情放空後會重新找回精力，就從一天五分鐘開始。

● 晚餐後徹底放鬆

我們常說：「早餐吃得飽，中餐吃得好，晚餐吃得少。」晚餐愈簡單愈好。擔心身材變形，晚餐千萬不要吃太多，因為一天的活動已經接近尾聲，吃進去的食物不像早餐那樣有足夠的時間來消化。晚餐後進行泡澡排毒，順便敷臉去角質，再來個全身按摩，徹底放鬆，保證讓你一夜好眠。

簡便晚餐

除非外出用餐，不然這是我一天最簡便的一餐。我都是喝一杯用以下食材做成的新鮮蔬果汁：四條小紅蘿蔔、一個小甜菜根、兩根芹菜、四分之一小黃瓜、一顆蘋果或是一個小橘子帶出甜味、一片薑。

如果不喝果汁，會吃一點小麥草或橘子，還有兩片抹上芝麻醬的全麥蘇打餅乾，或是抹辣味豆或芝麻糊，其上放置酪梨片、苜蓿芽，再灑上海苔末。

在冬天或是我需要多一些熱量的時候，我會多吃點魚肉或是咖哩，這都是絕不出錯的選擇。如果預先知道有晚餐邀約，我會以不吃午餐或

是輕食晚餐來交換。

晚餐之後休息五分鐘，再散步十五分鐘以幫助消化。

晚上的安排

1.泡澡：如果晚上沒有活動，那麼這是個用鹽（Epsom Salt）泡澡排毒的好機會，沐浴完再接著全身的徹底按摩。水溫不要太高，以舒服為原則；加入一杯瀉鹽，然後浸泡十到二十分鐘。因為這樣的排毒澡功效很強，連續洗三天可以休息一下。

2.敷臉：在泡澡時我通常順便敷臉，頻率是一週一次。你可以自製抗老面膜，將一個酪梨壓碎成泥，加入檸檬汁和自選的基底油；將這混合物均勻敷在臉上，雙眼敷上新鮮黃瓜切片。定期去角質也很重要。洗澡時將一點橄欖油和海鹽或岩鹽混合，溫和的畫圈般按摩身體及臉部，作去角質的動作。

3.全身按摩：洗完澡後，擦乾後抹上自製按摩油（一到二匙基底油，加入三到六滴精油混合而成），做個全身按摩。

按摩手法的重點是堅持往心臟按去，因為按摩的目的不外乎是促進淋巴流動。從頭到腳按摩，方式如同我們做乾刷運動，只是這次由頭開始。緩慢的用雙手十指的指腹按摩你的頭皮，而不是用指甲抓癢，讓精油被頭皮充份吸收。這個按摩運動對舒緩放鬆有奇效，對你的頭髮

精油使用建議

- 基底油：亞麻子油、葡萄子油、摩洛哥堅果油、橄欖油。
- 精油：純玫瑰精油、安息香精油、沒藥精油、檸檬精油、薰衣草精油、乳香精油（Frankincense）。

生長也很好。接著一樣用指腹掐、擰臉部的肌肉，每次一點點、慢慢的轉遍整個臉龐：要跟揉麵團一樣有耐性，和向深沉使勁。運動的方向是一直向上往額頭去，這個按壓臉部的手勢有助於血液循環、淋巴引流和皮膚保持彈性。

向下來到脖子和肩膀部位，用抹油的雙手相同對肩膀最高處做提拉動作，雙臂手肘舉高手放肩上，由肩向頸部移動；最後用單隻手把後脖子好好按個徹底，或是找個好心人幫你這個忙！

接著試著用單手按握手臂：自手腕開始向上，慢條斯理地壓握，讓手臂有拉緊的感覺。大姆指朝上，四指在下呈握姿，雙臂交互按數次。

腿的部分比較費時。先坐下來，左腳翹起腳趾部份放在右膝，用雙手指頭關節去按摩腳底。腳跟的地方多用點時間去按摩，如果你常常步行，這部份應該是緊繃的。最後再一一抽拉腳趾，力道要足、速度要快（確認每隻趾頭都均勻抹上按摩油了）。另外一條腿也是一樣的方式。

坐在浴缸邊，用雙手好好按摩小腿部份，從踝骨開始向上，一直按摩到膝蓋去。重複幾次直到雙腿都已經滋潤有光澤。再倒一點油來按摩大腿部份，這次要多用一點力量，因為大部份人的大腿都有血液循環不良的毛病。

4.清潔牙齒：接著用牙線清潔牙齒，然後再刷牙。最後再上床就寢。祝你有個美夢！

還有健康、美麗又年輕的人生！

附　錄

———————— 附錄1 ————————

壽命指數的小測驗

透過簡單測驗

以及女性常見十個疑問，

找出適合你自己的抗老生活方式。

———————— 附錄2 ————————

抗老食材採購清單CHECK LIST

外出採買時，可影印使用！

附錄 1 壽命指數的小測驗

測驗你能活到幾歲？

　　沒人想變老！我們的內分泌系統退化，骨骼脆化，內臟器官也衰竭了；同時我們的脂肪組織卻相對增加，全身肌肉皮膚受地心引力拉扯下垂。然而在改變過你對人生的態度，生活方式的調整和營養的攝取量，五十歲的你會有四十歲的面貌，六十歲像五十歲，甚至於在不經過拉皮和整型手術的前提下，在八十高齡有六十歲的外形。你一樣會老，只是速度慢了下來；老化乃人之常情，無法避免，只是老得又病又痛，又愁又苦是可以避免的！我期待這本書可以喚醒各位認真的看待自己的逐漸老去年華，透過十二個簡單的步驟，你可以找到跟我們同年的女人所有疑問的解答。

女性的十個疑問

　　1. 我該如何度過更年期？

　　2. 什麼才是最佳抗老食品？

　　3. 什麼是最好的營養補充品？

　　4. 該怎麼在中年時期節制飲食？

　　5. 要怎麼樣才能保持皮膚年輕？

　　6. 如何一夜好眠？

7. 要怎樣才能增進性慾？

8. 要如何保養我的骨骼和關節？

9. 我要如何才能精力充沛？

10. 我要怎麼規劃充實精彩的晚年生活？

本書帶領各位針對人體的內外各類防護課程，一步步著手進行。書中的各項建議方法我都已經試過，希望能為各位帶來最佳的抗老效果。以下的測驗根據統計，得分高的人比較有機會活的長久。所以在計劃你的養生之道時，可以將結果和身體健康檢查報告一起看，找出最適合你自己的生活方式。

10分 → 非常好

5分 → 一般

0分 → 不佳

【測驗開始】

◎ 心血管疾病方面，你的父母或祖父母有幾個在六十歲前得到心臟病或中風？

沒半個……………………………………………… 10

一到兩個…………………………………………… 5

超過 3 個…………………………………………… 0

◎ 我最近一次膽固醇指數是？

極佳（低於200mg）………………………………… 10

一般（近220mg）………………………………… 5

過高（高出240mg）………………………………… 0

◎ 我最近一次血壓指數是？

極佳（120/70）………………………………… 10

還好（130/90）………………………………… 5

不良（140/95或更高）………………………… 0

◎ 工作滿意程度方面，當你早上出門工作去，你覺得：

迫不及待想接受挑戰………………………………… 10

尚可應付，但沒有熱情………………………………… 5

混碗飯吃罷了………………………………… 0

◎ 抽煙習慣方面，過去五年我抽了：

不抽煙………………………………… 10

偶爾抽抽………………………………… 5

經常抽煙………………………………… 0

◎ 身體狀況方面，比起十年前我的呼吸和新陳代謝：

感覺幾乎一樣………………………………… 10

我查覺有些不對勁………………………………… 5

有去就醫……………………………………………………………… 0

◎ 身心愉悅方面，綜觀此生，我如何看待自己的人生：

非常幸福……………………………………………………………… 10

大部份時間都很快樂………………………………………………… 5

跟其它人一樣………………………………………………………… 0

◎ 自我健康評量方面，這一年來我的身體狀況是：

很好…………………………………………………………………… 10

普普通通……………………………………………………………… 5

不舒服常看醫生……………………………………………………… 0

◎ 智力測驗方面，我的智商在：

高於一般人（IQ120以上）………………………………………… 10

一般（IQ100-110）………………………………………………… 5

比一般人更差（IQ低於90）……………………………………… 0

　　如果得分超過90表示你大有可能長命百歲，而65-90分是說你可以比一般人多活至少三年，或許更久（假設你現在已經是老年人了）。而低於平均值的65分以下都是不及格，需要你在健康和日常起居多加用心。假如你得到75-90分，而且你已經年過五十，那表示你很有可能長壽；只是相同的得分在三十歲的人身上，就不具意義了。我得了80分！那你呢？

附錄 2 抗老食品採購清單CHECK LIST

蔬菜類採購單

☐ 苜蓿芽	☐ 韭菜
☐ 朝鮮薊	☐ 萵苣
☐ 蘆筍	☐ 香菇
☐ 茄子	☐ 冬菜
☐ 豆芽菜	☐ 橄欖
☐ 甜菜根	☐ 洋蔥
☐ 綠花椰菜	☐ 荷蘭芹
☐ 甘藍菜	☐ 防風
☐ 捲心菜	☐ 豆子
☐ 紅蘿蔔	☐ 椒類
☐ 白花椰菜	☐ 小蘿蔔
☐ 西洋芹	☐ 菠菜
☐ 菊苣	☐ 大蔥
☐ 小黃瓜	☐ 南瓜
☐ 蒲公英葉	☐ 蕃薯
☐ 綠葉萵苣	☐ 番茄
☐ 蒔蘿	☐ 水芹菜
☐ 苦苣	☐ 野莧
☐ 青豆	☐ ＿＿＿＿
☐ 芥藍菜	☐ ＿＿＿＿

水果及水果乾類採購單

水果類

☐ 酪梨

☐ 蘋果

☐ 杏桃

☐ 香蕉

☐ 黑莓

☐ 黑醋栗

☐ 藍莓

☐ 櫻桃

☐ 椰子

☐ 小紅莓

☐ 葡萄柚

☐ 葡萄

☐ 芭樂

☐ 奇異果

☐ 檸檬

☐ 萊姆

☐ 芒果

☐ 香瓜

☐ 油桃

☐ 橘子

☐ 木瓜

☐ 水蜜桃

☐ 梨

☐ 鳳梨

☐ 石榴

☐ 草莓

☐ 柳丁

☐ 西瓜

☐ _____

☐ _____

水果乾類

☐ 杏桃乾

☐ 藍莓乾

☐ 小紅莓乾

☐ 無花果乾

☐ 葡萄乾

☐ _____

☐ _____

堅果種子、菌菇及穀類採購單

堅果種子類

☐ 胡桃

☐ 榛果

☐ 杏仁

☐ 巴西胡桃

☐ 亞麻子

☐ 南瓜子

☐ 葵花子

☐ 芝麻

☐ 罌粟子

☐ _____

☐ _____

菌菇類

☐ 椎茸

☐ 冬蟲夏草

☐ 舞茸菇

☐ 靈芝

☐ 杏鮑菇

☐ _____

穀 類

☐ 小米

☐ 蕎麥

☐ 胚牙米或糙米

☐ 大麥

☐ 玉米

☐ 燕麥

☐ 黑麥

☐ _____

香草與辛香料

☐ 辣椒

☐ 薑

☐ 黑胡椒

☐ 肉桂

☐ 胡荽

☐ 茴香

☐ 蒔蘿

☐ 大蒜

☐ _____

乳製品、海藻、魚及油類採購單

鮮魚類

- ☐ 鮭魚
- ☐ 青花魚或稱鯖魚
- ☐ 海產鮪魚
- ☐ 藍鰭鮪魚
- ☐ 沙丁魚
- ☐ 鯡魚
- ☐ 鯷魚
- ☐ 鱒魚
- ☐ 大比目魚
- ☐ 黃鰭鮪魚
- ☐ _____

乳製品

- ☐ 優格
- ☐ 山羊乳酪
- ☐ 莫札瑞拉乳酪
- ☐ 羊奶
- ☐ 米漿
- ☐ _____

油類

- ☐ 亞麻子油
- ☐ 大麻子油
- ☐ 南瓜子油
- ☐ 芝麻油
- ☐ 葡萄籽油
- ☐ 胡桃油
- ☐ 杏仁油
- ☐ 榛果油
- ☐ 夏威夷果仁油
- ☐ 橄欖油
- ☐ 酪梨果油
- ☐ 椰子油

海藻類

- ☐ 紫菜
- ☐ 海帶
- ☐ 海苔
- ☐ 紅海藻
- ☐ _____